全国教育科学"十五"规划国家重点课题研究成果一等奖

# 家长学校教程

JIAZHANGXUEXIAOJIAOCHENG

王金华 著

山西出版传媒集团 山西人民出版社

# 编 委 会

编委会主任：畅日宝
副 主 任：方 榛　范庆安
主　　 编：王金华
编委会成员：冯贵清　赵彦龙　刘永梅　郭　真
　　　　　　冀彩琴　耿丽君　王晓刚　张　博

# 目 录

序 /1

**第一篇　构建家长学校** /1
　一、对家长学校构建意义的认识　/3
　二、常规工作指导　/12

**第二篇　家长学校培训内容** /23
　第一课　好习惯使人终身受益　/25
　第二课　怎样有效地与孩子沟通　/33
　第三课　素质教育最重要　/44
　第四课　如何走进孩子的心灵　/51
　第五课　家长应给予孩子什么　/56
　第六课　教孩子学会尊重、理解、宽容　/66

第七课　从小培养孩子阳光心态、阳光性格　/72

第八课　做智慧型父母　/83

第九课　陪伴和交谈的技巧　/93

第十课　教育的艺术在于唤醒、激励和鼓舞　/99

第十一课　教育孩子就是成长自己　/105

第十二课　要从小重视素质教育　/113

心灵成长篇　/118

**第三篇　学生培训内容　/127**

# 序

今年6月1日，习近平总书记亲切会见中国少年先锋队第七次全国代表大会全体代表时强调："世界上最难的事情，就是怎样做人、怎样做一个好人。""要学会做人的准则，就要学习和传承中华民族传统美德，学习和弘扬社会主义新风尚，热爱生活，懂得感恩，与人为善，明礼诚信，争当学习和实践社会主义核心价值观的小模范。"根据我三十多年的教学经验，培养孩子良好的行为习惯是孩子走向成功的必要条件。德育教育不能成人化，不能只喊口号，搞花架子，要务实，要从点点滴滴做起，要对孩子进行条理、守纪、行为习惯的训练，认真教育孩子先成人、后成才、再成功。当前德育实效性不强的问题，是学校和家庭对孩子的教育说得多，练得少，忽视了行为习惯的培养。可以说在相当程度上我们只进行了认知教育，其弊病就是知行脱节，光说不练的教育不是真正的教育，起码不是完善的教育。尤其是当代的孩子，小霸王、小懒虫、小馋猫、小犟牛、小依赖、小野蛮、小掩埋、小磨蹭、小马虎、小攀比等比较多。我们认为，解决这些问题最重要的是要加强养成教育。叶圣陶先生说，教育是什么？往简单方面说，只须一句话就是要养成良好的习惯。培根说,习惯是一种顽强的巨大力量,他可以主宰人生。英国作家萨克莱曾说:播种思想,收割行动;播种行动,收割习惯;播种习惯,收割人格;播种人格,收割命运。我认为养成良好行为习惯的教育是基础道德教育的主体,崇高道德的生长点。

作为教育者、社会职业的启蒙导航者,在工作中我们将求实创新,对每一个孩子做到尽心细致的培养。我们要切记,教育孩子绝不是让孩子一定要考上一所好大学,或者一定要成为百万富翁、大人物,而应当是在家庭和学校的引领下获得身心健康的人生,并且具备相当的生存和发展能力,为家庭为社会为国家做个有用的人,从而能够找到自己的人生价值和意义。习近平总书记也强调:"为了中华民族的今天和明天,我们要教育引导广大少年儿童树立远大的志向,培育美好心灵,让少年儿童成长得更好。"我们都知道孩子是祖国的未来,民族的希望。少年强则国强,培养孩子刻不容缓。儿童时期是价值观形成的奠基时期,任何一个成年个体的行为方式、思维模式,都能从其童年经历中找到答案。所以培养习惯必须从孩子抓起。

林格在《父母只做三件事》一书中提出,有三件事是父母应该学着做的:

其一,不当"法官",而是要学做"律师"。所谓的不当"法官",就是要求父母不能等到孩子"犯了事"之后才管教孩子,而应当防患于未然,父母对孩子要像律师对待当事人一样,了解、调查,倾听孩子的心声和需求,并始终以维护其合法权利为唯一宗旨,而不是相反。

其二，不当"裁判"，而是学做"啦啦队"。不应像裁判作出"得分"或是"犯规"等冷冰冰的判断。相反，在孩子做出精彩"动作"时，要不失时机地为其充当拉拉队，摇旗呐喊，振臂加油。

其三，不当"驯兽师"，而要学做"镜子"。孩子们通常只能依据他人的反馈来认识自己，这时父母的反馈，即充当"镜子"的作用就显得非常重要了。而在多数情况下，父母常常不尊重孩子的想法，完全按照自己的意愿指挥、命令孩子，有时还横加训斥，这样的教育效果可想而知。

亲爱的家长，让我们共同担当起教书、育人两大重任吧！

# 第一篇

## 构建家长学校

# 一、对家长学校构建意义的认识

**家长学校的概述**

（一）家长

狭义的"家长"就是指父亲、母亲。广义的"家长"指在家庭生活中扮演重要角色的成年人，比如对未成年人成长、教育、做人都起到重要作用的父母、祖父母、外祖父母和儿童的其他监护人等。

（二）家长学校

在教育部和全国妇联联合颁发的《关于全国家长学校工作的指导意见》中指出：家长学校是以未成年人的家长及其扶养人为主要对象，是为提高家长素质和家庭教育水平而组织的成人教育机构；是宣传正确的家庭教育思想，普及科学的家庭教育知识的主要场所；是中小学、幼儿园开展家庭教育工作和党政机关、企事业单位、社区、村镇进行公民素质教育的有效途径；是联系学校、家庭、社会，促进形成三结合教育网络的工作桥梁；是优化未成年人健康成长环境、推进社会主义精神文明建设的重要阵地。家长学校的任务是向广大家长宣传党和国家的教育方针、政策和法规；帮助和引导家长树立正确的家庭教育思想和观念,掌握家庭教育的科学知识和方法;向家长介绍未成年人生理、心理发展特点和营养保健常识,指导家长进行科学的家庭教育;联合所在学校、幼儿园、社区等教育单位或机构,为家长提供切实有效的指导与服务;帮助家长加强自身修养,营造良好的家庭环境,提高家庭教育水平,促进社会主义精神文明建设。

## 办好家长学校的重要意义

家庭教育的关键是家长教育,家长教育是家庭教育的第一步教育。家长学校就是对家长的一种很好的教育形式。办好家长学校的意义主要表现在:

(一)办好家长学校,有利于提高家长素质

家长是孩子的第一位老师,又是孩子的终身老师。家长学校的开办就是对家长实行再教育,教学重点就是普及家庭教育知识,使家长在了解教育规律的基础上,实施科学教子。因此,提高第一任教师——家长的素质,创造一片有利于孩子身心健康成长的净土,具有非常重要的意义。

家长学校向家长们系统介绍教育的方式方法,对家长的品德修养、文化学习、行为规范等诸多方面都提出了明确而具体的要求,特别是强调家长的表率作用。家长学校要求家长事事做学生的榜样、时时做学生的楷模,从而使家长意识到自己是教育者,是孩子的第一任老师。在家庭教育中,家长常常对孩子提出的要求多,对自己提出的要求少;指责孩子的多,反思自己的少;关注孩子素质的多,关注自己素质的少。家长的思想、行为无不在孩子的身上打上深深的烙印,只有家长真正成为孩子学习的榜样，家庭教育才能事半功倍，收效明显。

在家长学校中，家长系统学习教育理论，提高自己的理论水平，学习教育学、心理学的基本知识，掌握一定的教育规律；在学习的过程中，家长能够接触大量的家庭教育案例，从正、反两个方面领悟家长素质对家庭教育的影响，从而增强家长提高自身素质的自觉性和紧迫感；通过学员之间的研讨和交流，家长可以看到自己的不足，从而学习、借鉴他人成功的经验，矫正自身存在的不良行为；课后家长总结自己在家庭教育中的成败得失，扬长避短，摒弃不正确的教育手段和教育方法。

（二）办好家长学校，帮助家长提高教育子女的水平

家庭是育人的摇篮，做家长的都希望自己的孩子将来有出息，起码不学坏，所以每一位家长都不会轻易放弃教育子女的权利和机会。但是，由于种种原因，有部分家长在怎样教育子女的问题上往往存在一些模糊认识，甚至是错误思想，因而在实施家教过程中经常出现事与愿违的现象，严重的还会酿成难以挽回的悲剧。教育孩子差不多是家长天天要做的事，但怎样才能避开家庭教育的误区，把孩子培养成人、成才呢？这里重要的一点就是要办好家长学校，提高家长教育子女的水平。

（三）办好家长学校，营造健康快乐的育人环境

良好的家庭教育氛围对孩子的健康成长影响极大，它关系着孩子的前途命运，关系着家庭的幸福和团结，更关系着社会的进步和发展。因此，办好家长学校，提高家长教育孩子的水平，意义重大，刻不容缓。

（四）办好家长学校，有利于规范家庭教育

开办家长学校，通过家长学校向家长系统传授科学的家庭教育思想和方法，能够使家庭教育走出误区，为家庭教育开辟一片绿洲。通过家长学校的学习，家长们就会认识到自己平时在教育孩子时，哪些做法是正确的，哪些做法是错误的，这就使家庭教育趋于科学规范，收到理想的效果。

（五）办好家长学校，有利于家校沟通，形成教育合力

当今社会，想让孩子成人、成才、成功，单靠学校和老师是不够的，必须调动家长和社会的力量。而相当一部分学生家长由于工作繁忙，或者思想认识不足，常常把教育孩子的任务交给学校和老师，似乎只要把孩子送给学校就算尽了义务。有的家长甚至一学期不与学校联系，还有的家长到孩子毕业时竟然不知道孩子的班主任是谁。这种现象一方面说明学校与家庭、老师与家长尚未形成一种联系制度，学校教育与家庭教育没有成为一个整体；另一方面说明家长对老师缺少积极配合的态度（甚至有的家长被邀请开家长会也不到场）。

开办家长学校，建立起家校联系的桥梁，有助于家庭与学校、家长与老师的沟通。借助家长学校，学生在校的表现可以及时反馈给家长，在家里的表现也能够及时反馈给老师，这种双向信息反馈会增强学校教育和家庭教育的针对性。因为家校的及时沟通，使老师和家长双方在教育上减少了误解，达成了共识，形成了教育的一致性，即形成了教育的合力。

回顾多年的教育状况，不难发现，在许多情况下，因为缺少必要的联系与沟通，家庭与学校之间产生的分歧乃至矛盾较多，老师与家长之间同样存在着分歧和矛盾。学生一旦出现问

题，如表现不好、学习成绩不佳等，则相互埋怨，老师埋怨家长不配合，不重视对孩子的教育，而家长则埋怨老师教育不得法，双方都出现了"归因偏向"，这种埋怨对教育是无益的。

（六）办好家长学校，有利于加强学校管理，提高学校的教育教学质量

搞好学校管理，必须有老师、学生、家长、社会的共同参与。学校为家长开辟了发表意见的渠道，使他们能够畅所欲言，有了参与学校民主管理的机会，为学校管理出谋划策；作为校园教育的管理者，学校有了广泛听取学生家长意见的机会，根据家长的意见，结合实际情况，不断改进完善学校管理方案，教学质量会不断提高。

家长通过学习，改变不恰当的教育方法，更新教育观念，密切与老师和学校的联系，同时，又促进了老师的教育教学工作。作为教育的主体，学生的学习与生活环境也自然得到了改善：在家里，他们享受民主、和谐的氛围；在学校，他们得到更有针对性的教育。

## 开办家长学校的步骤

（一）制定教育目标

1. 提高家长的素质和家庭教育水平，创设三位一体的育人环境。

2. 架起家校联系的桥梁，架起师生心灵沟通的彩虹。

3. 提高市民生活质量，增进家长之间的了解，改善邻里关系。

4. 促进社会精神文明与物质文明的建设，为创建和谐社会

做贡献。

5. 形成学校教育与社会教育相结合的双向服务组织，促使教育和社会相互促进，同步发展。

（二）确立教育对象

1. 以学校学龄儿童家长为重点。

2. 以点带面，辐射全体家长。

## 开办家长学校的具体举措

（一）加大宣传力度，广泛吸收学习成员

利用电视、报纸等媒体广泛宣传开办家长学校的目的、意图及办学内容、授课形式，使广大家长充分了解学校教育与家庭教育的关系，了解家庭教育与孩子未来的关系，了解家长学校与提高家长自身素质的关系，使家长们主动参加家长学校的培训，接受学校"合格父母"的培训，掌握科学育儿的技巧。

（二）重视年度考核，发挥榜样模范作用

家长学校在年度末设有"明星家长"、感动校园优秀家长表彰会等评选考核。新学年开学初，受到表彰的家长会将自己的育子经验与全校家长进行交流。

（三）开展各类活动，融洽家庭亲子关系

学习型教育和活动型教育是家长学校的主要教育形式。活动形式多样，内容丰富，既涉及准父母教育，也涉及年轻父母家教基本技巧教育，更包括隔辈养儿育孙观念更新的教育。活动按内容分，有育儿知识、品行教育、学习辅导等；按形式分，有培训讲座、观摩学习、访问交流、评比竞赛等。此外，家长学校还安排由家长、孩子参与的活动，比如学校的大手拉小手趣味运动会、亲子放风筝比赛、家长老师文艺汇演、家长开放日、夸夸我的孩子、给孩子的一封信、夸夸我的父母、写给父母的一封信等活动。学校通过这些活动增进父母与孩子的亲子关系,互相沟通,增进理解,使孩子从小养成良好的人际关系。

## 家长学校建设章程

(一)指导思想

当社会发展到今天,司机、会计师和医师等都需要考取培训合格证,也都有具体的部门负责管理。而遗憾的是育人却没有专门的机构进行指导,也没有人专门系统地教家长科学育儿的知识。似乎结婚生子的家长就具备了做合格父母的资格,就能科学教育孩子,使孩子健康成长。我们一定要根据儿童养成教育的最佳时期,对孩子进行良好行为习惯的培养教育。有些家长有一个错误的观念,就是"树大自然直"。这并不符合自然规律,更不符合人的成长规律,所以应该改变这种错误认识。有些人确实在长大成人后变"直"了,改掉了幼时的某些恶习。但这是经过多次痛苦的磨炼,碰了多少次钉子之后的结果,绝不是"自然"的。为了使我们的后代在成长过程中少付出一些不必要的代价,少走一些弯路,避免不必要的事情发生,弥补教育的漏洞,办好家长学校是至关重要的。

古人说的好:"立人先立德。"人才,人才,"人"应该放在"一"位,"才"应该在"二"位。父母是孩子的第一任老师,并且是最重要的老师。家庭教育本身承载着育人的绝大部分内容,育人如果失去家庭的重视部分是不完整的,并且会出现严重的问题。提高家长素质，使家长重视对孩子进行道德素质的培养，是学校刻不容缓的任务。因为父母在乎什么，孩子就从哪方面努力；家长重视什么，学校也就向哪方面发展。因此，学校应该办好真正的家长学校，给家长上好培训课，尽快转变家长的错误认知，学校要承担起两代人的教育重任。

（二）组织机构

家长学校校长由学校校长亲自担任。由副校长，副书记，教导主任、副主任，政教主任、副主任，办公室主任协助校长搞好家长学校的工作，并组织家长委员会成员、班主任老师成立讲师团，担任家长学校授课教师。

领导组成员：校长、副校长、副书记、政教主任、教导主任、办公室主任、政教副主任、教导副主任。

家长组成员：每班1—2名优秀家长。

教师组成员：各班班主任。

（三）规章制度

1. 每月组织一次家教活动，每学期对家长进行一次培训。

2. 家长学校校长根据家长需要确定教育主题，并做到年初有计划、年终有总结。

3. 试点学校，合理利用教育资源，做到优势互补。

（四）教育资源

1. 教育设施

（1）学校有供家长培训的多功能会议室、接待室、家校共育工作室，培训设施齐全。

（2）驻地单位还可提供大型会场。

2. 教育人员

（1）本校有家教经验的教师。

（2）教子有方或有某项特长的家长。

（3）学区内的党政领导。

3. 教育内容

（1）新时代的教育观、子女观、人才观。

（2）不同年龄阶段少年儿童的心理特征分析及相应教育方法。

## 学校办好家长学校的有效途径

1. 要搞好家长培训工作，从而提高孩子的教育质量，就必须具有"四心"：爱心、耐心、热心和责任心。

2. 要搞好家长培训工作，提高家长的素质，就必须做到"四有"：有计划、有步骤、有组织、有教材。

3. 要搞好家长培训工作，必须务实，要系统地对家长进行培训，给家长发放培训合格证，举办各类专题讲座，举办家长教子经验交流会，建立家长阅览室，定期举办家长接待日，使用好《金桥家校联系册》等。

# 二、常规工作指导

**如何组建家长委员会**

家长委员会是由学生家长代表组成，代表全体家长参与学校民主管理，支持和监督学校做好教育工作的群众性自治组织，是学校联系广大学生家长的桥梁和纽带。

（一）组织机构

主　任：校长

副主任：副校长

办公室：德育主任、德育副主任

委　员：

一年级：教导主任兼年级校长、各班优秀家长1—2名

二年级：副校长兼年级校长、各班优秀家长1—2名

三年级：副校长兼年级校长、各班优秀家长1—2名

四年级：德育主任兼年级校长、各班优秀家长1—2名

五年级：德育副主任兼年级校长、各班优秀家长1—2名

六年级：副书记兼年级校长、各班优秀家长1—2名

（二）家长委员会职责

1. 协助学校办好家长学校。

2. 及时反馈家长的意见和建议,成为家长与学校间的桥梁,为学校献计献策。

3. 有对家长和社会进行教育和宣传的责任。疏通教育渠道,促进学校、家庭、社会形成教育合力。

4. 积极做个别家长和后进学生的思想教育工作。

5. 对学校教育教学工作进行监督。

(三)家长委员会成员条件

1. 家长委员会成员的构成覆盖面要宽:要考虑到家长的职业、职务,孩子所在的班级和家庭住址等情况。

2. 家长委员会成员必须关心学校工作,在本单位和周围群众中有威望,重视后代培养,对孩子教育有方。

3. 责任心强、热情、有组织能力及分析问题和解决问题的能力。

## 家长委员会工作记录

班级:

| 家长委员会成员名单 | |
|---|---|
| 帮助学校班级解决的问题 | |
| 解决问题的措施 | |
| 问题解决的人员 | |
| 问题解决效果 | |

## 家长委员会成员登记表

| 家长姓名 | | 性别 | | 年龄 | | 家长照片 |
|---|---|---|---|---|---|---|
| 政治面貌 | | 文化程度 | | | | |
| 工作单位及职务 | | 联系电话 | 宅电： | | | |
| | | | 手机： | | | |
| 孩子姓名 | | 所在班级 | | | | |
| 对学校的建议 | | | | | | |
| 备注 | 1. 家长委员会成员要按时参加学校组织的有关会议。<br>2. 对学校的教育教学情况提出合理化建议。<br>3. 配合班主任搞好班级管理，协调好家长间的关系。<br>4. 协助学校开展工作，同时对学校的家校共育工作起到促进作用。 | | | | | |

# 第一篇　构建家长学校

## 家长委员会工作制度

为了家长委员会有效地开展工作，为了配合学校完成教书育人的重任，结合本校家长的具体情况，特制定本工作制度。

1. 家长委员会的全体成员必须遵守国家政策、法律、法规，必须遵守家长委员会的具体工作制度，认真履行自己的职责，努力工作，架起学校和家长的桥梁，做好家长们的代表，团结在学校的周围，以促进学生的健康成长为己任，创造性地开展工作。

2. 家长委员会每学期召开两次会议，时间分别为学期开始和期末。具体由家长委员会的组织委员召集，要求每一个委员安排好自己的工作，准时参加。

3. 每次例会，各位委员都要准备自己的发言材料，带着自己的"问题"参与会议，使会议成为讨论、决策的重要场所。

4. 每次会议由家长委员会的主任主持，全体委员通过会议的主要议题，民主讨论，形成统一的认识，并由五名委员与学校的领导进行沟通，及时取得共识。

5. 家长委员会的每次会议，都要制订家长委员会这个学期的工作计划，讨论通过上学期的工作总结。

## 家长委员会职责

1. 关心和扶持学校教育事业发展，支持学校教育教学工作，做好家庭教育，并在全体家长中起到表率作用。

2. 积极参与学校管理，为学校发展出谋划策。紧密联系全体家长，采取多种形式了解学生、家长、社会对学校工作和班级工作的意见或建议，及时向班主任以及学校反馈。

3. 积极参与班级管理，为班级出谋划策。组织家长对全体教职工以及学校工作进行监督，反映广大家长要求，并通过积极有效的途径提出合理化建议，让学校及时了解家长的心声。

4. 负责组织本班学生的校外活动，丰富孩子们的课余文化生活和社会实践经验。

5. 带领广大家长参加学校组织的各种活动以及家长学校的活动，促进学校与社区、家庭建立更加密切的联系。

6. 协助学校办好家长学校，让广大家长学习必要的抚育、培养、教育子女的科学知识。

7. 积极协调学校、班级、家长之间的各种问题。

8. 家长委员会委员由各班推荐，经学校行政会议审核确定，任期1年。

## 家校共育家长讲师团申请表

《金桥家校联系册》似一根无形的纽带，紧紧地将家庭、孩子、学校贯穿在一起。对于"万千宠爱在一身"的孩子，家庭、父母如何更理性地爱自己的孩子呢？为了借助家长的现身说法，教育引导更多的家长和我们构建一种有效衔接方式，对孩子进行素质教育，现成立"家校共育有效操作模式"推广工作家长讲师团，请您认真填写下表：

| 孩子姓名 | | 孩子性别 | | 孩子班级 | |
|---|---|---|---|---|---|
| 家长姓名 | | 家长性别 | | 家长职业 | |
| 家长单位 | | | 联系电话 | | |
| 关于加入"家校共育有效操作模式"推广工作家长讲师团申请书 | | | | | |

## 家校共育教师讲师团申请表

家校共育的有效操作模式，培养了孩子的良好行为习惯，使孩子懂得了自我教育；培养了一批高素质、能力强的家长队伍，使亲子、家校和师生关系更加和谐。为了提升家长教育、管理孩子的水平，使家长和孩子共同成长，现成立"家校共育有效操作模式"推广工作教师讲师团，请您认真填写下表：

| 教师姓名 | | 性别 | | 专业 | |
|---|---|---|---|---|---|
| 工作单位 | | | 联系电话 | | |
| 微信 | | | 个人微博 | | |
| 关于加入"家校共育有效操作模式"推广工作教师讲师团申请书 | | | | | |

## 家校共育专家讲师团申请表

　　为实现家校共育，解决家校沟通难和小学养成教育无量化的问题，提供更有效的家校沟通平台，解决现实中孩子与家长存在的问题，切实达到教育互动、教育分享，对家长实行再教育，普及家庭教育知识，使家长系统学习教育理论，提高自己的理论水平，懂得教育学、心理学的基本知识，掌握一定的教育规律，从而更加有效地进行家校互动，现成立"家校共育有效操作模式"推广工作专家讲师团，请您认真填写下表：

| 姓　名 | | 性别 | | 专业 | |
|---|---|---|---|---|---|
| 工作单位 | | 联系电话 | | | |
| 微　　信 | | 个人微博 | | | |
| 关于加入"家校共育有效操作模式"推广工作专家讲师团申请书 | | | | | |

## 家校联系制度

　　家校联系是班主任与家长互相交流沟通、了解、研究、促进学生健康成长的重要途径，也是增强老师与家长相互理解与信任，融洽关系，改进和提高教育质量的重要措施。为了进一步密切家校联系，共同创建家校和谐氛围，共同促进教育健康发展，特制定以下制度：

1. 牢固树立正确的学校与家庭的联系观念，努力扭转家校联系中的"单纯电话联系"，以及专门向家长"告状"的不良倾向，努力提高学校与家庭联系质量。

2. 班主任要积极主动与家长联系，并利用正确渠道、采用正确的方式，实事求是向家长通报学生在校学习、生活情况，做到公正、公平、不虚报、不隐瞒。

3. 落实学校家访工作制度，充分利用寒暑假时间，及时完成对本班同学的家访任务，同时，在家访过程中及时做好有关记录与反馈工作。

4. 认真组织家长参加家长会，组织家长参加家长学校活动，并按家庭教育工作计划，认真组织开展班级家庭教育指导活动，不断改善与促进家庭教育质量的提高。

5. 组织外出活动、停课、放假、收费及遇到其他重要情况，班主任必须配合学校做好相应工作，以书面形式及时通知学生家长，并提醒注意保留好有关回执。通过《金桥家校联系册》这个平台和抓手，做好家校联系沟通工作。

6. 放学后或双休日需组织学生参加教育教学活动（比赛、排练、补课等），应提前一天发出书面通知或电话通知，不得漏报或不报，否则发生事故由班主任负责。

7. 学生在校突感不适或发病，班主任应及时与家长取得联系，并由家长领回进行治疗；如在校发生意外伤害事故，应与家长取得联系，同时及时送往医院进行救治。

## 家长学校培训内容

| 序号 | 主题 | 内容 |
| --- | --- | --- |
| 第一课 | 好习惯使人终身受益 | 1. 培养好习惯要抓住"关键期"<br>2. 养成好习惯要坚持"一致化"原则<br>3. 有两种坏习惯要及时纠正 |
| 第二课 | 怎样有效地与孩子沟通 | 1. 建立朋友式的亲子关系<br>2. 沉下心来和孩子坦诚相对<br>3. 和孩子沟通要耐心,要理性平和<br>4. 提高认识,掌握技巧 |
| 第三课 | 素质教育最重要 | 1. 加强素质教育迫在眉睫<br>2. 要提高孩子的素质,首先必须提高家长的素质<br>3. 要加强素质教育,不能重分数、轻育人 |
| 第四课 | 如何走进孩子的心灵 | 1. 人的成长和成功有哪些规律<br>2. 如何走进孩子的心灵 |
| 第五课 | 家长应给予孩子什么 | 1. 孩子的成长需要沟通<br>2. 孩子的成长需要赞赏<br>3. 孩子的成长需要体验<br>4. 孩子的成长需要和谐 |
| 第六课 | 教孩子学会尊重、理解、宽容 | 1. 懂得尊重你的孩子<br>2. 怎样尊重你的孩子<br>3. 孩子说谎怎么办<br>4. 让孩子学会"吃亏",学会宽容与给予 |

## 第一篇　构建家长学校

| 序号 | 主题 | 内容 |
|---|---|---|
| 第七课 | 从小培养孩子阳光心态、阳光性格 | 1. 血的教训令人深思 |
| | | 2. 让孩子认识错误,从而改正错误 |
| | | 3. 重视心理健康教育,培养孩子的健全人格 |
| 第八课 | 做智慧型父母 | 1. 寻找孩子的"闪光点" |
| | | 2. 规范孩子的行为 |
| | | 3. 做个"装傻"、"示弱"的智慧母亲 |
| 第九课 | 陪伴和交谈的技巧 | 1. 辩证地对待孩子的优缺点 |
| | | 2. 引领孩子健康成长 |
| | | 3. 掌握夸奖孩子的技巧 |
| 第十课 | 教育的艺术在于唤醒、激励和鼓舞 | 1. 懂得双向选择,不要一厢情愿 |
| | | 2. 当好"镜子",身教重于言教 |
| 第十一课 | 教育孩子就是成长自己 | 1. 一个有趣的科学实验 |
| | | 2. 父母对于孩子的成长起着决定性的作用 |
| | | 3. 家庭中父母的素质决定了孩子的素质 |
| | | 4. 孩子是父母的影子 |
| 第十二课 | 要从小重视素质教育 | 1. 现阶段存在的问题 |
| | | 2. 认真观察与思考 |
| | | 3. 从实践中寻找解决方案 |

## 金桥家校联系册

| 主题 | 内容 |
|---|---|
| 一年级 | 第一阶段　培养学生清洁、整齐的卫生习惯 |
| | 第二阶段　培养学生勤奋好学的学习习惯 |
| 二年级 | 第三阶段　培养学生团结友爱的优秀品质 |
| | 第四阶段　培养学生诚实守信的行为习惯 |
| 三年级 | 第五阶段　培养学生的表现能力、语言能力、交往能力 |
| | 第六阶段　培养学生的阳光心态、阳光性格 |
| 四年级 | 第七阶段　培养学生遵守校纪校规 |
| | 第八阶段　培养学生懂得自尊,具有规则意识 |
| 五年级 | 第九阶段　培养学生有情有义、懂得感恩 |
| | 第十阶段　培养学生懂得节约、知书达理 |
| 六年级 | 第十一阶段　培养学生良好的心理素质和道德素质 |
| | 第十二阶段　培养学生坚强、积极进取的意识 |

# 第二篇

# 家长学校培训内容

第二篇

米粒與黑子

# 第一课　好习惯使人终身受益

英国教育家洛克说："一切教育都归结为养成儿童的良好习惯，往往自己的幸福都归于自己的习惯。"

一次，一些著名科学家聚在一起探讨学术问题，有记者前来采访。当问到一位白发苍苍的老者是如何取得今天的成就时，这位诺贝尔奖获得者说："在幼儿园里，老师教：'不是自己的东西不拿'，'把好东西分一半给小伙伴'，'把东西认真放好'，'注意仔细观察大自然'……"老学者似乎在答非所问，其实，他提示了一条人生真理：好习惯使人终身受益。

在学习中预习、复习、认真听讲、独立完成作业是好习惯；在生活中，早睡早起，自理自立，帮父母做一些力所能及的家务，这些也是好习惯……许多好习惯都需要从小培养，从现在做起。

不言而喻，坏习惯也困扰着我们。倒垃圾时，为了图省事，见四下无人，倒在垃圾桶外也不管；在厕所墙壁上胡写乱画；校外小摊上，有些同学大手大脚乱花钱；社会上一些人出口带脏字、随地吐痰之类的事更是司空见惯。

培养好习惯难，但染上坏习惯却很容易。随地吐痰，说脏话，几次过后竟成了习惯。习惯成自然，想改掉就很难了。某同学以前有个坏习惯，就是制订的计划实行不了，而且干什么都慢腾腾。放了假，计划20天完成的作业，可到了开学前一天还做不完；再如考试，因为速度慢，总是做不完，因此也影响了成绩。他很苦恼，便在妈妈的帮助下开始改这个毛病，可是改了十几天不见效，他就不干了，妈妈劝他别急，慢慢来，坚持到底才能胜利。可见，从小培养好习惯多么重要！

 **培养好习惯要抓住"关键期"**

孩子年龄小的时候具有很强的可塑性，因此培养各种良好习惯最容易见效。养成良好习惯最重要的一个环节就是要抓住"关键期"，对孩子进行各种习惯的培养，以便为孩子以后的工作和学习打下坚实的基础。那么，"关键期"是哪些时期呢？人们一致认为：幼儿期和儿童期是良好习惯形成的"关键期"。如果在"关键期"养成不良习惯，形成心理定式，矫正起来就困难多了。

所谓教育的"关键期"（也叫关键年龄、最佳年龄、敏感期），是指人生学习的最佳时期。在这个年龄段的学生提高并发展各种智力、能力，成效最大，效果最明显。而一旦错过了这个年龄段，再进行这种教育，效果就明显差多了。有时不只是事倍功半的问题，甚至终身难以弥补。

据国内外近半个世纪的有关研究表明：

△ 出生后6个月是婴儿学习咀嚼的关键期；

△ 出生后8～9个月是分辨大小与多少的关键期；

△ 2～3岁是学习口头语言的第一个关键期；

△ 2.5～3岁是教孩子怎样做到有规矩的关键期；

## 第二篇　家长学校培训内容

△ 3岁是计算能力发展的关键期（指数数和点数，按要求取物品及说出总数等）；

△ 3~5岁是音乐能力发展的关键期（拉提琴从3岁开始，弹钢琴从5岁开始）；

△ 4~5岁是学习书面语言的关键期；

△ 3~8岁是学习外语的关键期；

△ 3岁和青少年时期是培养独立性的两个关键期；

△ 4岁以前是形象视觉发展的关键期；

△ 5~6岁是掌握词汇的关键期；

△ 5岁左右是掌握数的概念的关键期；

△ 9~10岁是孩子行动由注重后果过渡到注重动机的关键期；

△ 幼儿阶段是观察力发展的关键期；

△ 小学1~2年级是学习习惯培养的关键期；

△ 小学3~4年级、初二、高二是逻辑思维发展的关键期；

△ 小学阶段是记忆力发展的关键期。

当然，这些都是正在探索中的问题，可能还不准确，我们不能绝对化，但是"关键期"确实存在，这是毫无疑问的。针对这一点，科学家已从动物实验中得出了结论。

有科学家在猫身上做实验，把刚生下来的猫分成若干组，动手术将其中一组的眼睑缝合，经过一段时间再割开。结果发现，在出生后第四天和第五天被缝上眼睑的猫成了盲猫，而其他时间缝上的就不是盲猫，最多是半盲猫。经过多次实验，科学家们认识到，出生后第四五天是猫仔视力发展的"关键期"。

现代科学家在研究人的智力、能力、习惯等发展时，发现人也有"关键期"。当然，对人的研究不能像对动物那样实验。可是，在研究偶然现象的过程中，也会发现必然规律，比如狼孩及"野人"的故事。

## 养成好习惯要坚持"一致化"原则

良好行为习惯的形成受多方面的影响。孩子们生活在一个复杂的社会中，必然要受到多方面的影响。苏联教育家马卡连柯说："一个人不是由部分因素的影响培养起来的，而是由他所受过的一切影响的总和综合地造就成功的。"这就要求学校、社会、家庭各方面统一认识、统一步调，分工合作，密切配合。

"一致化"是一条重要的教育原则，它要求各方面教育力量协调一致（学校、家庭一致，校内、校外一致），绝对不能前后矛盾。苏联教育家苏霍姆林斯基曾把学校和家庭比作两个"教育者"，认为这两者"不仅要一致行动，要向儿童提出同样要求，而且要志同道合，抱着一致的信念"。所以，在培养学生良好习惯方面，这一条尤为重要。如果高兴时一个要求，生气时又变成另一个要求，孩子就会学着看大人眼色行事，"看人下菜碟"，这是最要不得的。所以，不但每个人对孩子的态度要一致，而且同一个人在不同时候对孩子的要求也要一致。最重要的是，家庭内部要一致。如果家庭内部教育不一致，爸爸要严管，母亲要溺爱；父母要严教，爷爷、奶奶要娇惯，这样就会使孩子无所适从。有些孩子学会钻空子，甚至制造矛盾，谁的话对自己有利就听谁的，这样怎么能形成好习惯呢？有一个孩子偷了人家一盘录音磁带，爸爸发现后狠狠地批评了他，孩子开始认错，掉下了眼泪。正在这时，奶奶买菜回来了，看见自己的小孙子正在掉眼泪，觉得孩子受了天大的委屈，一把把孩子搂过来，又是亲，又是爱的，使得刚才爸爸的批评作废。所以，要培养孩子良好的习惯，家庭内部一定要一致，如果有分歧也要背着孩子去协调，这是非常重要的，否则很容易让孩子钻空子，形成双重人格。其次，学校教育与家庭教育要一致。学校定期召开家长培训会，向家长通报近阶段学校着重抓哪些工作，重点培养什么习惯，以取得家长的配合。老师与家长共同研究孩子的问题，以便统一教育口径，达到预期的最佳效果。另外，学校也要向家长普及教育学、心理学等方面的知识，使家长也能和老师一样，坚持正确的教育原则，用科学的方法教育子女。

　　家长应该主动到学校了解孩子的情况，多向老师请教，尽量和学校保持一致，这样可以使孩子进步更快。遗憾的是，现在有些家长过分溺爱孩子，对学校的要求太苛刻，总希望老师像家长照顾独生子女那样"特殊地"照顾自己的孩子，实际上这是办不到的。于是，有的家长就对学校百般挑剔，甚至当着孩子说老师的坏话，这样做的结果是降低了老师在孩子心目中的威信，使孩子不听老师的话，无形中害了自己的孩子。

　　有些家长不能主动配合学校工作，结果搞得孩子无所适从。例如，某学校在一个阶段重点培养孩子关心集体的好习惯，号召同学们把最漂亮的花拿来美化教室。一位孩子非常高兴，回到家搬花时，爸爸厉声说："放下，谁让你搬花的。"要想让孩子养成良好习惯，家长一定要主动配合学校教育。配合得好，不但能促进学校教育，还能借学校的力量解决许多家庭教育的难题。例如，一位家长对孩子挑食、偏食的毛病束手无策，家长很着急，去请教老师。老师说：您可以用"互动式养成教育评价法"试一下，在《金桥家校联系手册》自设项目填上"不挑食"，不挑食让她自己打"√"，哪天挑食打一个"×"。家长半信半疑地说："贴一朵红花这是学校里的办法，能灵吗？"老师说："能灵，您告诉孩子，凡是连得10朵红花，由您签上字，让他拿到学校来，我给他换成学校的2个绿5分，直接在家校册当日总分上加10分。这种"积分评价法"非常管用，家长们可以试试，家长借用了学校的"威望"，因为老师的话就是"圣旨"。孩子坚持21天会基本服从好习惯，45天认同好习惯，90天会内化好习惯，从而改掉坏习惯。

## 有两种坏习惯要及时纠正

叶圣陶认为，在说不尽的众多习惯中，有两种习惯万万不可养成：一是不养成什么习惯的习惯；二是妨碍他人的习惯。

何谓"不养成什么习惯的习惯"呢？叶圣陶用日常生活中的某些习惯的养成来说明"不养成什么习惯的习惯"的害处。他说，"坐要端正，站要挺直，每天要洗脸漱口，每事要有头有尾，这些都是一个人的起码习惯。有了这些习惯，身体和精神就能保持起码的健康，但这些习惯不是短时间内就形成的，要逐渐养成。在没有养成的时候，多少需要一些强制工夫，自己得随时警觉，今天东、明天西，今儿这样、明儿又那样，就可能什么习惯也养不成。久而久之，这就成为一种习惯，牢牢地在身上生了根。这就是'不养成什么习惯的习惯'，最要不得。"这种习惯与其他种种习惯的冲突，一旦养成，其他种种习惯就很少有养成的希望了。

那什么又是"妨害他人的习惯"呢？叶圣陶举例予以说明。他说："进屋之前砰的一声把门推开，喉间一口痰上来了，噗的一声吐在地上，这些好像是无关紧要的事。但这既影响他人学习和工作，又可能传播病菌，一旦习以为常，就成为一种妨害他人的习惯。"

妨害他人的习惯是恶劣品质形成的重要根源。叶圣陶先生认为，某些人的不良品质的形成，一个重要的病根就在于养成了妨害他人的习惯。他说："如果一个人不明了自己与他人的密切关系，不懂得爱护他人，一切习惯偏向妨害他人的方面，就极有可能成为一个恶人。"

教育的目的就是培养习惯，增强能力。正如柏拉图在两千年前所观察到的，教育的最高目的是训练年青一代寻找"正确目标指导下的欢乐与痛苦"。现代著名遗传学家也获得了同一结论，相信对人类来说，进化的最好方法是学会在从事于必须去做的事情中获得乐趣。把一个信念播种下去，收获到的是一个行动；把一个行动播种下去，收获到的是一个习惯；把一个习惯播种下去，收获到的是一个性格；把一个性格播种下去，收获到的是一个命运。用科学的方法培养良好习惯，不吝惜在品德教育上花钱，才能使智力更有效地发挥作用。

叶圣陶认为："我们在学校里受教育，目的在养成习惯，增强能力。我们离开了学校，仍然要从多方面受教育，并且要自我教育，其目的还是在养成习惯，增强能力。习惯越自然越好，能力越增强越好。"孔子一生"学而不厌"就说明了这个道理。叶圣陶先生曾说过："凡是好的态度和好的方法，都要使它成为习惯。只有熟练的成了习惯,好的态度才能随时发现,好的方法才能随时随地地应用,好像出于本性,一辈子用不尽。"

考察第二次世界大战以后日本的三次教育改革,每每把养成教育作为重要内容。苏联教育家乌申斯基这样讲:"良好的习惯是人在其神经系统中存放的道德资本,这个资本不断增值,而人在整个一生中就享受着它的利息。"可以说培养良好的行为习惯是实施素质教育的重要途径,好的习惯使人受益一生。

"习惯形成性格,性格决定命运"。不错,收起你犯错误时"这是我的习惯""我习惯这样做"那种不顾大局和以个人为中心的理由,坚持培养好习惯,改掉坏习惯。将好习惯集于一身,积以时日,将我们自己身上的聪明才智充分发挥出来,我们将来就会成为一个对家庭、对社会有用的人。

# 第二课　怎样有效地与孩子沟通

## 建立朋友式的亲子关系

影响亲子关系的四个障碍：一是完美化。家长对孩子的期望值过高，常常苛求孩子，承受不了孩子的失误，轻则批评、指责，重则打骂。久而久之，亲子关系就会恶化，孩子就会对抗，双方便无法进行有效的沟通。二是敏感度低。家长对孩子的进步麻木，不懂得去发现孩子的优点，往往批评多、表扬少，久而久之，孩子就会失去自信心。三是规范意识。常以家长自居，不会用耳、眼去教育孩子，家长爱说教，缺乏肢体语言的艺术，久而久之，不倾听孩子说话，孩子就失去了和家长沟通的兴趣。四是权威意识。家长不能平等地对待孩子，不会尊重孩子，久而久之，孩子就会失去自尊心。

要达到与孩子心与心的沟通，关键要优化亲子关系，也就是孩子和父母的感情一定要融洽。要与孩子平等地对话，不说"你要好好读书呀""你怎么可以成天玩（成天上网）呢""你怎么这么不听话呀"等等指责训斥的话语，孩子才愿意将自己的心扉敞开。那种爱是要发自内心的，要让孩子回忆和父母一起成长的过程，体会父母对他的关爱，因为理解是相互的。切记，从小不要用钱和物质取悦孩子，否则父母与孩子的亲子关系就会物质化、金钱化，钱就成了衡量感情和爱的标准，到后来当你不能满足他日益膨胀的欲望时，他的怨恨自然就产生了。要把自己的感受告诉孩子，真正让孩子认识到父母的钱来之不易，父母的给予和自己的索取不是天经地义的事。

案例

### 刘墉教子

台湾作家刘墉，是一个家教独特的好父亲。

儿子刘轩小时候，刘墉经常带他去看电影。刘轩最发怵的是在路上、在电影院，刘墉总爱让儿子问警察、路人、卖爆米花的"现在几点了？"他说："每当听到老爸的'吩咐'，我就紧张，舌头直打结。"他不明白，父亲为什么总是忘带表。是不是有意为难他、折腾他、捉弄他？刘墉笑笑说："我是要训练你放得开。如果口都开不了，怎么与人打交道，怎么能成功？"儿子恍然大悟。此后，刘轩逐步养成"融入社会"的习惯。

刘轩"讨厌"爸爸的另一件事是，从小时起，爸爸就爱与他"比"，比丢飞盘，比投球，比三级跳远，或其他有益身心的游戏。每次老爸都当仁不让，儿子十有九输。输了不许生气，不许撒娇，不许哭，还得立正向老爸敬礼，高喊："您是真功夫！"刘轩开始不了解父亲的醉翁之意，后来慢慢明白，爸爸是希望他从小养成胜不骄、败不馁，永不服输的精神，将来走上社会后,能战胜各种困难和挫折。

廖祝南《北京晚报》

##  沉下心来和孩子坦诚相对

要和孩子沟通好,父母首先要做好以下几条。一定要放松心态,缓和谈话氛围;分清大事小事,以把握好互动分寸;要沉下心来想想:成人重要还是成才重要?孩子前途重要还是脸面重要?孩子的长远利益重要,还是眼前利益重要?学会理性"抱怨",使孩子感受到你生活中更真实的一面,即让他更全面地明白你的内心世界。此外,父母还要尝试着走进孩子的内心世界及生活圈,如邀请孩子的朋友来家里聚一聚,以了解他的结交范围及兴趣爱好;跟孩子的老师谈一谈,更多地掌握孩子的情况。为加强和孩子的感情,还可以带孩子一起旅游或散步,这样同孩子之间的共同语言就渐渐多起来,家庭气氛就会好起来,孩子和父母的交谈就会很自然,真正的亲子沟通就会水到渠成了。

**案例**

### 儿子的"不满信"

昨天晚上,儿子又被我狠狠地揍了一顿。他也太不听话了,每次写作业总是一边写一边玩,我在旁边看着也无济于事,好像在他眼里:认真写作业就是一件很"苦"的事情。

随后，在我的吆喝声中，他洗脸睡觉了，我回到卧室，心中的火还没有熄灭。在我的意识中，孩子就应该是听话的乖孩子：不哭，不闹，聪明，好学，懂礼貌，讲文明……可儿子与我的期望相差甚远，我拿起笔，在纸上写下了对儿子的不满：

一、做事磨蹭，没有时间观念（包括吃饭，写作业，帮家长干活）。

二、不爱写作业。家长不提醒，作业从不主动去做，考试从来没有全对过，总是在不该错的地方出错。

三、吃饭总是挑食，父母讲道理还不听。

四、父母批评，总是顶嘴，无理也狡辩，好像自己永远是对的。

五、爱看电视，家长再说也没用，只当耳旁风。

第二天一大早，我把这张纸放在了儿子的书桌上，没有理他就去上班了，我想让他看后好好地反省一下。

中午回家，没想到我的书桌上也多了一张纸，上面也密密麻麻地写满了对我的不满：

一、爱唠叨。每次上学之前都问，文具盒带了没？橡皮带了没？钢笔带了没？吃饱了没……只有我一一回答了，才肯罢休。

二、总是要求我考100分。有时我很努力，但没考到100分，你就说我没有好好学习。

三、总拿我和别的孩子比，说别人多么好，我是多么不如别人。

四、我写作业慢是因为有的不会做，但你却说我上课没好好听讲。有时还盯着我写作业，好像我写错了似的，弄得我很紧张。

五、每次只要我自己在家，你一回来就摸摸电视，像防贼一样防我。

六、在家里，我除了吃饭，就是学习，你从来不给我玩的时间。

七、你老爱发火，还大声骂我，乱扔我心爱的学习用具。

八、你一生气就打人，总说自己小时候多么听话。

九、什么事情都是你对，不给解释的机会。

总之，最难过的还是第八条：总是打我！

儿子的"不满信"居然比我的还长！不过，对照自己的行为，这些确实在我身上存在。我承认我不是一个慈祥的爸爸，想想还挺对不起儿子的，怪不得他有这么多委屈。

老婆看了儿子的信，也说："你就是爱发火，爱打儿子，我也是敢怒不敢言。儿子已经长大了，光打也解决不了问题！"是啊，打完后，儿子该犯的错还是犯，该不听话还是不听话。看来，我真的要变一变教育方式了。

于是，我又给儿子写了一张纸条："爸爸决定改掉你说的缺点，但你也要改掉你的毛病！"儿子也给我回了话:"遵命!协议成功!"

在我和儿子共同改缺点的同时,我发现他比以前有所进步,但有时还是屡教不改。

一天,儿子拿着试卷让我签字。看着试卷上的错题,我说:"你怎么又不认真了?"

儿子说:"我认真了,只是我不会做。"

"你又上课没有好好听讲。"

"我没有!"

我最烦他不留缝隙地和大人顶嘴,知错不改,气得我抡起巴掌就要打。这时,我忽然想起儿子的"不满信",抬起的手又轻轻地放了下来,儿子惊恐的表情也渐渐地恢复了正常。

我拿起桌上的笔,按捺住自己心中的火气,心平气和地对儿子说:"来,爸爸给你讲讲。"儿子听话地伏在桌子上听我讲,我讲完题之后,儿子恍然大悟,兴奋地对我说:"爸爸,你真棒!"看着儿子的兴奋劲儿,我也高兴地笑了。

说也奇怪,自从这次我没有打儿子之后,他好像变了个人似的。渐渐地,儿子身上的那些缺点慢慢消失了,脸上也有了快乐的笑容,连老师都说他进步了很多。

听着老师的话,我还真感谢儿子的"不满信",还有我那没打下去的一巴掌……

##  和孩子沟通要耐心，要理性平和

有些家长百思不得其解，觉得自己三天两头和孩子谈话，怎么孩子对自己总是敬而远之，永远像个陌生人？可见，真正有效的沟通不能停留在表面，而必须是心与心的沟通。当面不好沟通时就利用书面方式，有时会起到好的效果。此外，还要转变观念，一是尊重孩子，把孩子看成是和自己一样有人格的人，像尊重大人一样去尊重孩子。科学研究证明：只有尊重孩子，孩子才能有自尊心，而唯独有自尊心，才是孩子自我发展的强大动力。二是要有正确的人生观、成才观。先成人，后成才。不要逼着孩子拿名次、考100分，要让孩子有高尚的人格，度过能够充分发挥自己潜力的幸福、快乐的一生。家长要学会理性和平和，这样孩子也会跟着理性和平和下来，遇到问题也就比较好解决了。不要用教训的口吻、居高临下的气势面对孩子，要体现那种很纯的父爱和母爱，并要蹲下来和孩子一个视角看问题，这样才能平等地在一个层面上跟孩子聊天、谈心。切记：了解孩子并掌握他（她）的动态，并非坏事；但用窥探隐私或跟踪的方法会适得其反，这样干预孩子的生活，只会让孩子离你更远。

**案例**

### 孩子吃饭磨蹭怎么办

我们教育孩子有两个原则：第一，父母讲的话不打折扣；第二，父母讲的话只讲一遍。所以，改掉孩子不好好吃饭的毛病非常容易,只要一顿饭不煮,她没饭吃,以后她就知道必须好好吃饭了。这就是严厉的好处,也叫做纪律。不过话又讲回来,严厉是要扣分的,因为它的缺点是冷酷,要把握好度。

我的女儿小的时候也是不好好吃饭,吃饭的时候总要大人催促,我就跟太太说,需要"修理"她的这个毛病了。有一天晚上该吃饭的时候,她在那里看电视卡通片。我对她说吃饭了,她置若罔闻,好像聋子一样没有听到,两只眼睛一直盯着电视屏幕。我就不再叫她吃饭了。为了要"修理"她,我们夫妇两个把饭菜全部吃光,一点儿也不剩下。然后太太就在厨房里洗碗,我就看报纸。女儿看完卡通片过来了,看到妈妈在洗碗,就说自己还没吃饭,为什么现在就洗碗呀?太太说:"对不起,我们以为你不饿,就把饭吃完了。"女儿打开电饭锅一看,果然什么都没有了;她又打开电冰箱,也是空的(为了"修理"她,我们故意除清存货);然后她就去拉我太太的裙子,说能不能再煮点儿东西给她吃啊?太太说天都那么黑了,不能再买东西了,等到第二天早上再吃吧。

女儿听完后,就跑到客厅哭了起来。太太想过去安慰她,我就马上跟她说,教育孩子绝对不可心软,我太太只好不理她。半夜里,女儿走到她妈妈的床前,说:"妈妈,我快饿死了,给我做点儿吃的吧!"我暗示太太要坚持,太太只好说:"天就要亮了,等天亮再说吧。"女儿回到她的卧室又幽幽地哭起来。结果第二天一大早,女儿就到厨房去了,她坐在小椅子上面,乖乖地等开饭。从此以后,女儿再也不用我们催她吃饭了。

余世雄

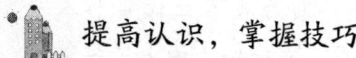 **提高认识,掌握技巧**

要想有效地和孩子沟通,家长必须掌握一些沟通的技巧。教育孩子时,家长缺乏的不是聪明,而是智慧和耐心。怎样沟通才有效呢?首先,不要让情绪左右与孩子的沟通。因为情绪会影响我们沟通的表情、态度和口气等。所以,当你已经被激怒的时候,暂时不要处理孩子的问题,以免变成破坏性的沟通。这种沟通往往是叫骂、唠叨、抱怨,起不到效果,只会让孩子更排斥你,所以,等你情绪稳定后再去与孩子谈心。家长一定要懂得:父母要舍得花时间与孩子交谈,因为父母不管与孩子谈什么,总会起到一定的效果,孩子会感到你把他当成大人,在尊重他。并且通过交谈,父母可以及时了解孩子的思想,从而正确地指导他的行为。

家长切记,交谈沟通是家庭生活中必不可少的一项内容,更是家庭教育中必不可少的重要手段,一定要学着掌握这门艺术。

**案例1**

"四颗糖"的故事

陶行知是我国近代著名教育家。一次,陶行知看到学生王友用泥块砸同学,当即制止,让他放学后到校长室。陶行知来到校长室,王友已等在门口准备挨训了。没想到陶行知却给了他一颗糖,并说:"这是奖给你的,因为你很准时,我却迟到了。"王友惊疑地瞪大了眼睛。陶行知又掏出第二颗糖对王友说:"这第二颗糖也是奖给你的,因为我不让你再打人时,你立即就停止了。"接着,陶行知又掏出了第三颗糖:"我调查过了,你砸那些男生是因为他们不遵守游戏规则,欺负女生。你砸他们,说明你很正直善良,且有跟坏人作斗争的勇气,应该奖励你啊!"王友感动极了,哭着说:"陶校长,你打我两下吧!我错了,我砸的不是坏人,是自己的同学……"陶行知这时笑了,马上掏出第四颗糖并说:"因为你正确地认识错误,我再奖励你一颗糖……"

案例2

### 教育需要耐心和技巧

家长往往忽视孩子儿时的教育,以为孩子小,不懂那么多"大道理",说了也没用。其实不然,孩子不懂才应该耐心告诉他,让他懂。为了提高孩子的心理素质,我正在试验给二至六年级的孩子上心理健康课,启发孩子学习的内动力,开展真正的素质教育。我给孩子们讲了《应该为谁而玩》的寓言故事。这则寓言故事说的是:有一个老人,他很烦恼,因为有一

## 第二篇　家长学校培训内容

群孩子天天在他家门前玩耍、吵闹。有一天，老人对孩子们说："你们在这里玩耍，带给我许多快乐，今天奖给你们每人25美分。"第二天，孩子们更高兴，吵得更欢了，老爷爷又给了每人15美分。第三天，同样，但是老人只给了每人5美分。孩子们愤怒了，发誓再也不来这里玩了，这里又恢复了往日的平静……孩子们听后进行了讨论，并且许多家长和孩子写来了感想，从反馈中可以看出孩子们能明白其中的道理，家长们也受到了一定的教育和启示。

# 第三课　素质教育最重要

 **加强素质教育已迫在眉睫**

2000年1月17日，在浙江金华发生了一起震惊社会的惨痛事件：金华市某中学高二学生徐力，用铁榔头击死了他的母亲！

2002年1月29日、2月23日清华大学机电系四年级学生刘海洋两次用硫酸伤熊，使自己坠入犯罪的深渊。

2004年2月，云南大学生物技术专业2000级学生马加爵为琐事与同学积怨，即产生报复杀人的恶念，并经周密筹划和准备，残忍地杀害了自己的4名同学。同时，自己也走上了一条不归路……还有复旦大学医学院林森浩投毒致同学死亡，湖南邵东杀师案、北大学生杀母等等……

我们的孩子怎么了？他们为什么如此脆弱，不珍惜自己及他人的生命？我们的教育方法出现了什么问题？为什么会出现这样无血无肉、无情无义的孩子？现在每个家庭大多只有一个孩子，孩子输不起，家庭输不起，社会更输不起。我们应该觉醒，从血的事件中吸取教训，改进教育和管理方法，尽快净化社会环境，不能只重视科学文化素质的培养，更应该重视孩子的思想品德教育。古人说得好："立人先立德"，而德是一个包容很大的品质范畴,有德之人即使不成才,也是一个好人,将来他对家庭、对社会不会造成什么危害。

教育家们常讲:"孩子有问题,根源在家长。要想拯救孩子必须改变家长,孩子的任何问题都是素质和做人出了问题,素质教育必须从小抓起。"企业家管理培训大师余世维在"如何做好企业经理人"培训班上讲,做事讲理由、不懂对事情负责任是从小养成的习惯;心理学家、航天飞行员杨利伟的心理教练刘芳老师在"个人成长 团体训练"培训班上讲,心理有问题究其原因是小时候有某种心理障碍。无论是教育家、心理学家、企业家,都在强调从小进行素质教育的重要性,说明从小对孩子进行素质教育,才能杜绝不良行为的发生,使他们从小具有责任心、同情心、上进心、耐心、爱心和感恩的心。

## 要提高孩子的素质,首先必须提高家长的素质

提高家长的素质,使家长重视对孩子进行素质教育非常重要,所以学校要承载起对两代人的教育重任,系统化地对家长进行培训,开办真正的家长学校,这也是学校刻不容缓的任务。因为父母在乎什么,孩子就从哪方面努力。我们懂教育的校长和老师不要迎合家长,应该引领家长科学育儿,指导孩子健康成长,不能急功近利、急于求成;还要转变家长的教育观念,不能重分数、轻育人。无论家长和学校都应该首先在育人上下工夫。人才,人才,人一定放在第一位,才必须放在第二位。

我们利用小学阶段孩子比较听老师的话这一最佳时期,家校联手共同重视孩子的养成教育。现代社会连养鸡、养鸭都讲

究科学喂养，上岗都要合格证，所以养育人更应该让家长接受系统化培训，学习如何科学育儿。为了完成这项任务，我们动了很多脑筋，实验了好多种办法，经过实践、总结，探讨出最佳办法是由学校牵头，与家长充分沟通，系统地引导家长如何配合学校一起教育孩子。

科学家研究发现，决定一个人成功的最主要因素是非智力因素——情商。孩子上网成瘾、早恋、厌学、顶撞父母、打架、骂人等行为，都是因自我控制能力和平衡能力差、情商指数低而造成的，这必将影响孩子的成功、影响孩子的一生。

古人讲："3岁看大，7岁看老。"我们告诉家长，从小就应该训练孩子的思辨能力、自我平衡能力和自我控制能力，也就是要从小重视孩子的素质教育。

### 要加强素质教育，不能重育分、轻育人

毋庸置疑，对孩子进行思想道德教育，我们的国家很重视，我们的教育工作者也很重视。但遗憾的是，我们的一些父母却忽视对孩子的品德教育。说实话，孩子成人靠家长，成才靠自己。一个学生考试比别人少考几分或少做几道题，不是他一生中重大的失误，长大后他可以补上，而一个人如果没有良好的行为习惯和素质，那将是他一生最大的失误，是无法弥补的。从血的教训中不难证实这些话的重要性。我们每一位教育工作者，特别是每一位家长都应该有所触动，应该深深地感到素质教育的重要性，更应该重视家庭教育。因为一个孩子的良好行为习惯70%是在家庭里培养的。《实话实说》栏目曾采访过一个犯罪少年，问他从何时开始走向犯罪道路，他说：从5

## 第二篇　家长学校培训内容

岁开始,有一次他妈妈带他坐公共汽车,下车时,妈妈按着他的头,让他的腿屈下,逃过了检票。妈妈高兴地说:"今天真好,坐车没有花钱。"第二次坐公共汽车时,没等妈妈按脑袋他就自觉地屈腿逃过了阿姨的检票,妈妈满脸堆笑地表扬他聪明,说今天坐车又没有花钱。从此,他有便宜就占,并且从占便宜中寻找到了快乐。他说他恨妈妈,正是妈妈指引他走向了犯罪的道路。的确,孩子的心灵是块田,种什么长什么,误了庄稼是一季,而误了孩子是一生。多么可怕,我们家长的言行潜移默化地起着多么重要的作用。教育孩子看起来简单,从孩子的一言一行、一点一滴中说起做起,这种表面上看起来的简单正是耽误孩子的重要原因。

对孩子进行素质教育,之所以有很多家长不重视,是因为他们错误地认为这与自己无关,离自己很远。但一桩桩惨痛事件、一个个上网成瘾的孩子使原本幸福的家庭毁灭,这血的教训就在眼前,应该让我们觉醒。2002年1月29日和2月23日,清华大学学生刘海洋两次故意用硫酸伤熊,走向犯罪的道路。他的母亲痛心地说:"我这一生眼看就要到了收获的季节,却好像突然遇到一场大暴风雨,一切成果在转眼间都化为乌有。"种瓜得瓜,教育的失误,恶果只能自己承担。

教育报登载了一条《国务院、湖南省领导关注学生自杀悲剧,要求全面推进素质教育》的新闻。个别孩子自杀、杀人、损人利己,他们自私、冷漠、无情、无责任感,这是我们教育的失败,是轻视素质教育的结果。

这些年来,学校、家长以及社会只重视学生的科学文化素质,一切向分数看,衡量学校的好坏一切以硬指标——考上大学的多少来衡量。人们谈论的、攀比的，也是谁家的孩子考上了大学，没有多少人去注意"教子以德——是重中之重"。家长们只重视大学文凭这块"敲门砖"，而完全忘了考上大学的目的是什么，忽视了孩子步入社会后，更需要的是综合素质和心理素质，并且心理素质是最重要的一项素质。孩子所需的几项基本素质中，只注重培养文化素质这一项，无论时间、精力、财力都在为这一项服务，为这一项"投资"。这种"投资"比例的严重失调，孩子的教育怎能不出问题？孩子步入社会后怎么会成功？

我们现在的家长非常"无私"，为了孩子成才，可以舍掉工作，到外地去陪读；为了孩子能进一所好中学，可以舍掉自己舒适的居住环境，去租住孩子学校附近的简陋房屋；为了孩子的一技之长，当父母的可以舍掉所有休息、娱乐时间，省吃俭用，陪学陪练……这是何等的无私，但你们是否意识到，你们的良苦用心是否得到了回报？我们"无私"的父母们常常这样讲："我培养他，不是为了他将来怎样对我好，怎样报答我，为我养老，只要他过得好就行了。"

对于今天的孩子，父母应该要求回报，并教会孩子怎样去回报，怎样去回报自己的父母，怎样去回报曾经帮助过自己的人，怎样回报社会。而且，还要培养他们有情有义、有血有肉，长大后不要自私、冷漠和无情。

我曾即兴做过一个统计："记住孩子是哪天过生日的家长请举手。"家长们几乎全部举手。我又问："孩子知道你哪天过生日的请举手。"全场80多名家长竟无一人举手！多么可怕的"情感盲点"！父母给孩子过生日，而孩子从来没有想过问问父母的生日。也许是巧合,有一次在电视节目中也说过这样一件事,有位阿姨问一个孩子说:"孩子,明天是你妈妈的生日,你知道吗?"这孩子冷冷地说:"明天是我妈的生日关我屁事。"多么可悲!是的,我们只知道让孩子快乐,却从来没有想过孩子怎么不懂让父母、让别人快乐。孩子们不懂,他们是被家长溺爱出的,从来没有过回报的概念。他们认为别人为他所做的一切都是应该的,不需要感谢,更不需要回报。一家人围着孩子转,就像地球围着太阳转一样,是自然规律。中国有句古话:"滴水之恩,当涌泉相报。"记不住父母的生日,看似小事,孩子失去的却是孝道。心存孝道的人,才会有"善"的根苗;有"善"的根苗,才可能开出"善"花,结出"善"果,否则恶果只能由父母自己咀嚼。一个人连自己的父母都不懂得尊重,何谈尊重他人。而尊重他人才能得到他人的尊重。尊重使人宽厚。基石宽厚方能负重,人心宽厚方可立业。所以,我们的父母要教会孩子做人做事,这也许比学会知识更重要,要让孩子变成财富,而不要总想着如何把财富留给孩子。这才是真正的育人之道。

**案例**

### 让孩子从小懂得负起责任

我们中国的父母非常宠爱孩子,对孩子的教育有时不讲理性和原则。有一种错误的传统教育方式,就是当孩子很小时,碰到了桌子或地,父母会去打桌子或踹地来哄骗哭闹的孩子,给孩子从小就种下了推卸责任的种子。长大了做错事爱找理由，爱抱怨别人，都是别人的错，没有自己的错。缺少承认错误的勇气，不敢承担责任。

我同事有个5岁的女儿，聪明善辩。一天，她不小心撞到了树上，碰破了脸。她一直在那里委屈伤心地哭个不停。我走过去说："萱萱，别哭了，你想想碰破脸是谁的错？老师知道了会批评你的。"她哭着辩解道："那树也不能种在那里呀！"我说："那你的意思是说还是树的错了？那咱们现在就去把那棵树砍掉。"她哭着又说："不行，老师说不能破坏花草树木。"我说："萱萱真是个好孩子，告诉老师要表扬你，知道不砍花草树木，但树碰人，就必须惩罚砍掉它。"她低下头，停止了哭声。一会儿，她悄悄地趴在我耳边说："别告诉老师，怨我，不是树的错。"我高兴地笑了，因为我纠正了她小时候错误的想法，播下她分辨是非、勇于承认错误的"种子"。碰巧的是，第二天她又碰着了桌子，这次她没哭，自己为自己下台阶说："没碰着，碰得也不疼。"我想，假如是昨天，也许她又会大哭，寻求妈妈的抚慰和"保护"吧！

# 第四课　如何走进孩子的心灵

 **人的成长和成功有哪些规律**

孩子的成长是有一定规律的。第一阶段的孩子仰视父母和老师，0~6岁的孩子听父母的话，6~12岁的孩子听老师的话。此时要注意的是，我们家长和老师必须要有耐心和学识，而这里的"耐心"非常重要，我们必须拿出教孩子学说话、学走路的耐心，去教孩子做人与做事。第二阶段，也就是中学阶段，这个阶段的孩子俯视父母和老师。他们听自己的，常常顶撞家长和老师。他们听伙伴的话胜过听老师和父母的话。此时要求家长和老师尊重他们，对他们的教育讲究艺术。而这里的"尊重"最为重要，真正的爱不是给予孩子物质的满足，像老母鸡爱小鸡一样，只是无私奉献就可以了，不能打着"为你好"这句话限制孩子的自由，真正爱孩子要宽容、理解和尊重他们。

千千万万个父母都热切地"望子成龙""望女成凤"，对孩子有着不切实际的期望值，这样便承受不了孩子的失误，孩子也承受不了这样的压力。考试成绩不好了，犯了点儿错误了，父母就会"恨铁不成钢"，批评指责，甚至打骂，亲子关系日趋恶化，哪有什么感恩之情，哪有什么孝心。父母给予孩子的爱也只是物质上的慷慨，而忽视对孩子精神和情感上的关爱。而一个人的成功取决于什么呢？爱因斯坦说："一个人的成功主要不是依靠他的才干，更重要的往往依赖性格的伟大。"一个人的成功取决于五个要素：积极的心态，明确的目标，有效的时间管理，知行合一的意志品质，不断的求知创新精神。

心理学研究表明，原因与结果有这样的规律：找客观原因越多，结果越少；找主观原因越多，结果越大。遇事多寻找自身原因的往往成功的可能性越大。人的成功分三种类型：报恩型、自尊型和兴趣型。

作为父母，要相信没有教育不好的孩子。只要掌握方法，对症下药，孩子是可以教育好的。孩子爱说谎、爱打架、上网成瘾、厌学等问题，都是认识和习惯出了问题，所以家长一定要按要求从小培养孩子的行为习惯。

当然，一旦孩子的认识和习惯出了问题，转变也是很困难的。因为"冰冻三尺，非一日之寒"，坏习惯是一点一点形成的，所以必须下恒心，耐心地一天天改掉。"治"只能治个体，让个别家庭和孩子受益，而"防"则可让更多的孩子和家庭受益。我们之所以这样一点一滴地引领家长去做，就是为了防患于未然。孩子在成长的过程中会经常犯错误，家长要调整好自己的心态，允许孩子犯错误，我们应该把每个犯了错误的孩子都视为"蒙了一层灰的金子"。父母与孩子沟通时，是要让孩子认识错误，而不是指责、斥骂孩子。我们理性耐心地和孩子沟通，帮孩子纠正错误行为，就是要帮孩子把这层"灰尘"擦掉，然后让孩子学会自己擦"灰"，就像鸟儿都会自理羽毛一样，最终让孩子发出"金子"本身的色泽，熠熠生辉。

# 第二篇 家长学校培训内容

## 案例

### 4岁女孩的平衡能力

一天,某小女孩的妈妈需去外地探望生病的外公,家中只剩她和她的爸爸。平日从未离开过妈妈的小女孩听到妈妈外出的消息,当下就哭闹不止,抱着妈妈的双腿寸步不离。妈妈怎么劝说也不听,很晚了,也不睡觉,怕妈妈走了。爸爸让她去睡觉,她硬是不肯。爸爸说:"和爸爸说说话然后再做好吗?"小女孩委屈地躺在爸爸的怀里,听着故事。爸爸问:"好孩子与坏孩子的区别是什么?"小女孩说:"听话、懂事、懂礼貌的孩子是好孩子;骂人、打架、不听话的孩子是坏孩子。"爸爸说:"对,好孩子还应该孝敬父母、尊老爱幼,懂得关心、照顾别人,萱萱就是一个好孩子。比如:爸爸生病时,她主动提醒爸爸吃药,还给爸爸端水、送饭;妈妈睡着了还知道给妈妈盖被子。她不但是爸爸妈妈的好孩子,还是爸爸妈妈学习的榜样,更是别的小朋友学习的榜样。坏孩子就不懂这些。你希望爸爸妈妈做个坏孩子还是做个像萱萱一样懂事的好孩子呢?"小女孩说:"做像萱萱这样的好孩子。"爸爸说:"对!现在妈妈的爸爸生病了,需要女儿去端水、做饭、照顾,如果妈妈不去,别的小朋友会说妈妈不懂事,是个坏孩子。你说妈妈应该怎么做呢?"小女孩说:"让妈妈去给他爸爸送水、送饭，做个好孩子。"爸爸说："你真是个好孩子，妈妈走了后爸爸会送你上学，和你一起玩儿，那咱们现在先去睡觉吧。"

第二天，小女孩同意了妈妈出行的要求，并送妈妈上了飞机。

## 如何走进孩子的心灵

父母要注意选择教育孩子的时机、角度、语气和表情，不要让孩子产生抵触父母的情绪。孩子如果不认同父母，如果父母没有走进孩子的心灵，那说什么都没用。

许多父母说："我用心良苦，苦口婆心，为什么孩子就是不听呢？"我想说的是，你跟他没有心灵的交流，他能听吗？这种心灵的交流，需要和孩子真诚相待，需要我们有对朋友般真诚平等的心态，注意眼神、肢体语言和说话的语气、语速等等。在各种细节上，要让孩子真正地感到，父母的确是为自己好，的确是把自己当朋友看待。

要理性、平等、友好地和孩子对话，只有跟孩子心平气和、像朋友一样沟通，让他感觉到父母的真诚，才能用有效的方法去指导孩子。走进孩子的心灵，让他认识到不努力学习会害了自己，耽误自己的学业，毁掉的是自己的一生。

你是在用心听他讲话，这就要注意聆听的技巧。

1. 用你的整个身体去听。把身体完全转向说话人，放下手中的活儿，把所有注意力集中到说话人身上。比如你正在看报，当孩子要和你说话时，你说："好，我把报纸收起来，好好听你说。"

2. 用你的眼睛来听。时刻注意孩子的脸部表情和姿势，用眼睛传递信任。

3. 用你的耳朵听。要认真听孩子讲的内容，要偶尔点头或重复孩子的话，以表示自己在认真地听他说。

4. 用你的心去听。感受孩子的感情，他是在生气、高兴、失望、害怕，还是垂头丧气呢？用心感受孩子的信息，然后将你对他的了解再反馈到孩子的心里。

以上这些听孩子说话的技巧，可以使孩子认为你在用心倾听，他就愿意畅所欲言。这样就会使家长有机会更深入地了解孩子，孩子也会强烈地感受到你的爱，感受到你对孩子的尊重和理解。日积月累，孩子碰到问题就会主动和你商量，这样有利于双方的沟通。

# 第五课　家长应给予孩子什么

从大量的案例中可以看出，家庭教育存在诸多问题和误区，需要尽快解决。学校应该开办真正的家长学校，家长必须学习正确的育儿方法，掌握教育子女的艺术。

 **孩子的成长需要沟通**

在"心换心日记"活动中我发现，与成人沟通，是今天孩子们，尤其是独生子女特殊的精神要求。他们从小生长在"成人世界"里，是家庭里的"个体户"，他们渴望被尊重、被信任、被理解，更渴望与父母沟通，与父母建立伙伴关系。孩子们在日记中曾写道："王校长，希望您能让我妈妈多腾出一些时间跟我玩儿，使我可以少跟那些不会讲话的洋娃娃说话。""爸爸、妈妈，你们每天下班回家，就开始各忙各的，不管我，当我要你们和我谈谈话时，你们却不理我。有时候，老师要背课文内容，你们却说：'一会儿再背'。我不希望你们每天那样，希望你们平时跟我谈谈心，如果你们跟我谈谈心，我会感到很快乐的。"我经常上课前，把这些"心理日记"念给家长听，我告诉家长们，腾出时间，多陪孩子，陪他们看书，陪他们玩耍，与他们谈心。家里人应该多坐在一起谈谈心，不要怀疑、监视而是沟通，要走进孩子的心灵。孩子们心里有许多秘密，需要向人倾诉，需要有人倾听，但他们的心锁关闭得很紧，不会轻易打开。

　　与孩子心里沟通的秘诀可归纳为这样一条原则：顺其所思，给其所需；同其所感，引其所动；投其所好，扬其所长；助其所为，促其所成。这并非放纵和盲目地使孩子任性，而恰恰是掌握孩子的心理脉搏，理智地分析孩子的现状，引导孩子学会管理自己，充分调动孩子的自我教育、自我管理的能力，使他们能够独立地生活和学习，改变孩子消极、被动地被家长"管教"的局面，这样就可形成亲密的亲子关系，有利于孩子的心理健康。

 **孩子的成长需要赞赏**

　　"你太没出息了！""我怎么生下你这么不争气的东西？""你上课怎么不注意听？"责骂，在父母看来是平常的小事，但是对于孩子来说，父母每日不休的责骂，便是自己的"世界末日"。孩子的成长需要赞赏和肯定。赞赏是孩子生命中的阳光。在我调查的1000余名学生中，有80%的同学谈到害怕的事情是学习、考不好挨骂挨打的问题。有位同学在日记中这样写道："妈妈，我在数学考试时，脑子里想的是312，可写上去就是412，我不是故意写错。我告诉您，我考了88分，您就打我一顿，可您知道我心里有多么委屈吗？我已经尽力了，回家认真写作业，上课认真听讲，可就是考试时没考好，如果您这样下去，我就不把卷子拿回去，省得您打我。我多么希望您看到我考不好时，给我的不是拳打脚踢，而是鼓励啊！"我们应该听听孩子们的呼声"我已经尽力了！"的确，我们必须承认

### 家长学校教程

人与人之间的智力差异,不要以分数的高低来论孩子的成败,要注重培养孩子的非智力因素。我们要理解孩子、赞赏孩子,使孩子充满自信。

## 孩子的成长需要体验

实践的体验,对一个人的成长至关重要。我曾深深领悟了原山西省实验中学校长张卓玉的现代教育思想,他用"做中学"的理论指导着我们的工作实践。在学校里我们让有绘画特长的孩子动手打扮自己的校园,在校园的每一面墙壁上绘画;我们让孩子们把自己每学期写的作文,编辑、打印、装订设计成一本书,体验一下当作家的感觉。从书中学到的理论,居然一下子与我几年的工作实践结合成一个活生生的东西。那不再是"生硬的教条",也不再是"平凡的工作实践",而是成为"真实的见证",要让孩子们在"做中学"。教孩子做人做事就应该这样做:第一,说给他听;第二,做给他看;第三,让他尝试;第四,重复训练。让孩子们体验生活中的酸、甜、苦、辣。

有个同学在日记中曾这样写道:"爸爸妈妈,你们常常说别的孩子怎么怎么好,我却怎么怎么不好了,其实这样不好,你们不应该只看到我的短处,批评我,而应该多鼓励我,这样才能使我有信心。你们也常说我作业写得不好,这时我可真是有苦说不出,你们应该相信我有能力干好每一件事。"这是我们家长常犯的毛病,壮别人孩子的威风,泄自己孩子的志气,比出他人孩子的自信,打击自己孩子的上进心,所以,家长应该掌握"比"的艺术。

## 第二篇　家长学校培训内容

这件事让我进一步感觉到，理论固然是从工作实践中产生的，但是当学者们天天说着研究理论时，却可能与工作实践脱了节。我们基层学校有责任使其达到完美的结合。我永远奉为座右铭的话是：帮助别人的同时，也帮助了自己；提高别人的同时，也提高了自己。有人说得好：爱是一个口袋，你往里面装时会有满足感，往出拿时，才会有成就感。人在帮助弱者时，最能体验个人的价值。希望家长引导孩子去体验助人为乐的感觉，培养孩子的爱心。

**案例**

### 乌鸦找水的启示

大家还记得《乌鸦找水喝》的故事吗？故事大意是，乌鸦口渴了，到处找水，终于找到一个只有半瓶水的长颈瓶，它把旁边的小石子放在瓶里就喝上了水。可我们的"小皇帝"在妈妈的精心培育下，在厨房里都找不到水喝！记得有位老师讲了这样一个故事，值得我们所有的家长深思。有位学生由妈妈陪着到老师家学习，还没等孩子口渴，妈妈早把水倒好了。当水放凉了，妈妈又赶紧换来一杯热水，或换上一瓶饮料，甚至一次换一种饮料。如果孩子要喝她的"汗水"，估计她都可以一点一点地挤出来。就是有这样一大批"好心妈妈"，把天真活泼的孩子伺候得连在厨房里都找不到水喝了。

有一次，这个学生的妈妈没有陪他到老师家学习。这个孩子学习了一阵，说："老师，我要喝水。"老师让他自己去找。他说："到哪儿找？"老师好笑地说："你认为应当到哪儿去找？"又过了一阵，他说："老师，你家厨房里没有水。"老师肯定地说："有。"他又耐心地去找，几分钟后，他说："老师，你家厨房里真的没有水。"老师又一次肯定地说："有。"他又折回厨房耐心地去找，几分钟后，他说厨房没有水，决定不喝了。老师说："不行，我也要喝，给我也倒一杯。"学生无可奈何地又去找，最后总算端来了两杯水。老师问："水是从哪儿找到的？"孩子说："你家水壶怎么放在了地下？"老师反问："谁规定厨房的水壶不能在地下放呢？"

　　家长们，以上找水的小事足以证明我们的孩子在自强、自立、勤奋等诸多方面存在许多不容忽视的问题，希望家长引起注意。生活中处处皆教育，最直接的"教"和"育"来自孩子最亲近的人——父母。为什么有的家庭能培养出"帅才"，有的家庭却出"饭才"呢？爱心过度了就成"溺爱"，离开了"三点水"，也就是离开了保护他的水（妈妈），就成了"弱"。弱不禁风，就没法生存。家长们，下"狠心"吧！该放手了，把"狠"字上加"点"，让孩子像"狼"一样地去竞争、去生存。

　　中国已走向了世界，只有在实力平等的情况下，才有资格去竞争，步入世界强国之林。我们身边的孩子是社会的细胞，是国家的希望，民族的未来全寄托在他们身上。因少年智则国智，少年富则国富，少年强则国强，少年独立则国独立，少年自由则国自由，少年进步则国进步，少年胜于欧洲，则国胜于欧洲，少年雄于地球，则国雄于地球。家长们，该放手时且放手吧。

 **孩子的成长需要和谐**

稳定感和安全感对孩子来说非常重要，如果孩子能够从一个稳定的家庭中体验到一种安全感，那么将有助于他们应对来自校园内外的种种挑战，否则孩子将苦闷不安。

一个父母离异的孩子曾在日记中写道："妈妈，您可知道你们离婚以后我有多么孤独吗？每当我拿起您的照片时，总会流下伤心的眼泪，您可知道我是多么想念您。你们分开了，可您知道我的情况吗？这话我早已想对您说，可是我没有机会，希望您经常来看我，希望你们能早日复婚。"我们的家长学校起到了孩子和家长及时沟通的桥梁作用。同时也告诉家长，为了孩子，要彼此适应，努力去为孩子创设良好和谐的家庭环境。

我们居住的房间的确越来越大，可孩子们活动的空间却越来越小。孩子要有健康的体魄，需要锻炼，需要空间。说实话，没有比教会孩子一项擅长的体育活动更重要的事了，因为身体健康是人的综合素质中应该具备的首要素质。减负后，孩子们有了一些闲暇时间，但哪里是他们的活动场所，别说一块像样的绿地，就连像样的一块空地也难找到。房间的装潢越来越富丽，孩子的心灵却越来越空虚，漂亮的房间使小伙伴很难随便进入，外界的学习压力使孩子不能尽情地、无忧无虑地和小伙伴玩耍。因为考试成绩没有达到父母的期望值，母亲唠叨，父亲打骂，从而使母子之情恶化，父子之情淡漠；失去了小伙伴，没有朋友的群体，使孩子们不懂得合作，不懂得交往，不懂得关爱。他们失去了生活的乐趣，怎能有旺盛的学习动力和浓厚的学习兴趣。

亲爱的家长，你要懂得乐观、合群、向上是心理健康的标志，而心理素质是一个人成功所必备的条件，它占成功的80%。所以，我们每个家长应该给孩子创造一个和谐、快乐的家庭环境，在注重孩子智商培养的同时，更应该注重孩子情商的训练，愿我们一起为拥有一个道德健康、身体健康、心理健康的孩子而共同努力！

**案例1**

### 爱的支撑

第二次世界大战期间，在逃难的人流中，一位母亲带着她3岁的孩子，随着人流向远方走去。

这位母亲把最后的一点干粮磨碎，喂给孩子吃，看着孩子瘦弱的小脸，禁不住落下泪来。她知道，自己已经两天没吃什么东西了，半个月的饥寒交迫，令她的身体极为虚弱。她怕自己支撑不住，最后孩子也无法活命。想来想去，这位母亲抱着孩子走到一位逃难的人面前。这个人，是她家以前的邻居，是个医

## 第二篇　家长学校培训内容

生，为人非常善良，她知道，如果现在把孩子托付给他，他一定会把孩子养大成人。

"我一辈子感激你，"母亲给这个邻居跪下了，"请你带着我的孩子一起逃命。"

"不，我不能答应你。"邻居为她和孩子简单地检查了身体状况后，拒绝了她，"我的事情已经够麻烦了，我帮不了你的忙。"

母亲只好抱着孩子，重新上路。

一路上，不停地有人倒在路边，再也起不来了。可是，这位母亲却奇迹般地带着孩子，穿过边境线，住进了难民营。这位母亲之所以能坚持下来，是因为她知道，如果她也无法保护孩子，就没有人能够帮她把孩子养大成人。

在难民营里，她又遇到了那位邻居。

"你和孩子都需要支撑。"那位邻居说，"只有你们互相支撑，才能母子平安。"这位母亲此时才明白了邻居的好心。

爱是一种支撑。爱，支撑了母亲和孩子的生命。

对孩子的教育也是如此。

如果爱能够支撑起一个希望，那么，爱又有什么无法支撑的？

## 案例2

### 一定要记住我爱你

　　汶川大地震，救援人员发现她的时候，她已经死了，是被垮塌下来的房子压死的。透过那一堆废墟的间隙可以看到她死亡的姿势，双膝跪着，整个上身向前匍匐着，双手扶着地支撑着身体，有些像古人行跪拜礼，只是身体被压得变形了，看上去有些诡异。

　　人们从废墟的空隙伸手进去确认了她已经死亡，又再冲着废墟喊了几声，用撬棍在砖头上敲了几下，里面没有任何回应。当人群走到下一个坍塌的建筑的时候，救援队长忽然往回跑，边跑边喊："快过来。"他又来到她的尸体前，费力的把手伸进女人的身子底下摸索，他摸了几下高声地喊："有人，有个孩子，还活着！"

　　经过一番努力，人们把挡着她的废墟清理开，在她的身体下面躺着她的孩子，包在一个红色带黄花的小被子里，大概有三四个月大，因为母亲身体庇护着，他毫发未伤，抱出来的时候，他还安静地在甜美的梦乡中。

　　随行的医生解开被子准备给孩子做检查，发现有部手机塞在被子里，医生下意识地看了下手机屏幕，发现屏幕上是一条已经写好的短信：

　　"亲爱的宝贝，

## 第二篇 家长学校培训内容

如果你能活着,

一定要记住我爱你!"

手机在人们手中小心传递着,每个人都带着无限的敬意盈满热泪。这位母亲的爱与智慧穿越了生死,她留给孩子的不只是生的希望,还有足够她的宝贝享用一生的爱。

# 第六课　教孩子学会尊重、理解、宽容

 **懂得尊重你的孩子**

现在的孩子在应试教育的体制下压力已经很大，父母应该经常与老师沟通、联系，不要常常打骂孩子。打骂孩子会使孩子在情感上远离父母，不愿和父母说心里话，封闭内心；胆小怕事，上课不敢发言；自卑、气馁、不自信，说谎骗人等。此外，要从小训练孩子的责任感，使他们对自己的行为和学习负责。同时，家长还要尊重孩子的选择，使他们树立正确的理想和目标，努力去实现目标，真正让孩子做到自己能做的事自己做。比如自己主动起床，如果迟到了，让他自己承担被老师批评的后果；力所能及的家务活一定让孩子去做，这是真正的爱孩子。一只猛虎圈养在铁笼里，再把它放回森林，我们也会担心它能否生存，是否有捕食的本领，所以切记不要溺爱孩子。一个孩子如果什么都不做，只要学习好就行，我们很难相信这个孩子会对学习负责，因为他没有对事情负责的习惯，只会讲各种各样的理由去推卸责任，所以我们要按教育规律去做，让孩子先成人、后成才、再成功。

## 怎样尊重你的孩子

常常听父母讲，我的孩子脾气特犟，爱顶嘴。往往这种犟脾气、顶嘴的习惯，都是慢慢形成的，也是父母在实施教育过程中，"施力"方法不当造成的。人们常说："一分耕耘，一分收获。"

孩子的心灵是块田，种什么长什么。但这些在家庭教育中不一定准确，因为父母所耕耘的不是土地而是人（孩子）。人的独立意识和性格、脾气差异，有时使我们父母施加的影响力（压力）成了"反作用力"，努力的结果常会适得其反。所以，在每一次"施力"之后，我们必须观察孩子的反应，看看引发的反应方向怎样，以免出现反面效果还继续施力。反作用力常是人的一种本能反应，久而久之，就会形成故意反抗的习惯。

**案例**

### 学会欣赏别人

圣诞节临近，美国芝加哥西北郊的帕克里奇镇到处洋溢着喜庆、热烈的节日气氛。

正在读中学的谢丽拿着一叠不久前收到的圣诞贺卡，打算在好朋友希拉里面前炫耀一番。谁知希拉里却拿出了比她多十倍的圣诞贺卡，这令她羡慕不已。

"你怎么有这么多的朋友？这中间有什么诀窍吗？"谢丽惊奇地问。

希拉里给谢丽讲了两年前她的一段经历：

一个暖洋洋的中午,我和爸爸在郊区公园散步。在那儿,我看见一个很滑稽的老太太。天气那么暖和,她却紧裹着一件厚厚的羊绒大衣,脖子上围着一条毛皮围巾,仿佛天上正下着鹅毛大雪。我轻轻地拽了一下爸爸的胳膊说:"爸爸,你看那位老太太的样子多可笑呀。"

当时爸爸的表情显得特别的严肃。他沉默了一会儿说:"希拉里,我突然发现你缺少一种本领,你不会欣赏别人。这证明你在与别人的交往中少了一份真诚和友善。"

爸爸接着说:"那位老太太穿着大衣,围着围巾,也许是大病初愈,身体还不太舒服。但你看她的表情,她注视着树枝上一朵清香、漂亮的丁香花,表情是那么的生动,你不认为很可爱吗?她渴望春天,喜欢美好的大自然。我觉得这位老太太令人感动!"

爸爸领着我走到那位老太太面前,微笑着说:"夫人,您欣赏春天时的神情真的令人感动,您使春天变得更美好了!"

那位老太太似乎很激动:"谢谢,谢谢您!先生。"她说着,便从提包里取出一小袋甜饼递给了我,"你真漂亮……"事后,爸爸对我说:"一定要学会真诚地欣赏别人,因为每个人都有值得我们欣赏的优点。当你这样做了,你就会获得很多的朋友。"

## 第二篇　家长学校培训内容

 **孩子说谎怎么办**

父母常常有这样的经验：孩子有时会说谎。父母也常常把孩子的说谎看成是他们道德上的问题。可是，从心理学角度分析，孩子说谎有诸多原因。有无意识说谎、模仿性说谎、习惯性说谎、想象性说谎、自卑性说谎、虚伪性撒谎、应急说谎等等。

就习惯性说谎而言，这类说谎大多是由于家长不注意实事求是地称赞孩子造成的。如当孩子耍小聪明欺骗了别人时，有的家长还不恰当地加以称赞："真机灵、有智谋。"聪明的孩子一听话中并无责备之意，反有赞赏之心，因而形成错觉。类似这样的事屡屡经历，孩子就不将说谎当一回事，反而觉得说谎是聪明有本事。对这种说谎的孩子，家长一定要及时制止，不要让孩子养成说谎的习惯。再者，有许多小孩说谎，都是为了逃避大人的惩罚，或者是被大人逼出来的。这类孩子往往有这样的经验：说真话轻则受责备，重则要挨打挨骂，说谎却能避"祸"。因此，闯祸或犯下过错之后就通过说谎来掩盖，以免皮肉受苦。英国心理学家基纳特曾指出："说谎是说真话遭到训斥的孩子在心理上解脱自己的避难所。"可见，孩子的这类说谎与父母的管教是否得当有着十分重要的关系。所以，面对孩子的说谎，父母不应当简单地训斥，而要积极研究孩子的心理状况，区别对待，不可简单从事。

 **让孩子学会吃"亏"，学会宽容与给予**

古人云："子不教，父之过。"生养孩子而不教育是父母的过错，教得不好，当然首先也是父母的责任。我深切地感受到，家庭教育问题已成为一个很严重的问题了。比如：孩子的社会适应能力差，行为自私，凡事都以自我为中心；他们控制情绪的能力差，情商低，忍耐性差，说话办事要事事占上风，把这些错误地当成"不服软""不服输""不低头"，好像是英雄气概，实际上是输不起，将来必定影响孩子的成长。因为占小便宜必定吃大亏。亲爱的父母们，要教会孩子"吃亏"，因为"吃亏"是智慧。造成孩子以自我为中心的心理状态，最主要的原因是家长对孩子过分宠爱。以前子女多的时候，是孩子们去争父母的宠，现在倒过来了，几个长辈争着宠一个孩子，真是"万千宠爱在一身"啊！孩子要什么给什么，爱孩子就等于给予。这样时间久了，就会使孩子不懂得约束自己的欲望，长辈争着宠孩子，很容易形成孩子以自我为中心的心理状态。这种亲子关系时间长了，会造成两个危害：第一，孩子跟父母的关系变成了索取和给予，没有对等交流；第二，父母与孩子的关系物质化、金钱化了，钱成了衡量感情和爱的标准。久而久之，孩子就会认为父母的给予是天经地义的事，父母没有达到自己提出的要求，就是不疼爱自己。家长要及早改变这种爱的方式，防患于未然，否则，悔之晚矣！

  有段话想与大家一起分享。"智者与聪明人"：不吃亏的是聪明人，能吃亏的是智者；拿得起的是聪明人，放得下的是智者；注重细节的是聪明人，关注整体的是智者；聪明人想改变别人，智者去顺其自然；人若聪明，能带来财富；人有智慧，能带来欢乐；聪明见于耳眼，所谓耳聪目明，智慧全靠心灵、人言，慧由心生；聪明人人际关系容易紧张，智者与人为善，大多和谐；聪明人做生意笔笔赚钱，智者赚赔、荣辱、得失、成败从不笔笔去算。

# 第七课　从小培养孩子阳光心态、阳光性格

 **血的教训令人深思**

　　一个年仅13岁的孩子陈国栋为了锻炼自己的胆量，竟然伙同几个孩子把一个年仅12岁的孩子给杀了。这7个犯罪的孩子中有5个是父母离异……还有一件件听到的、看到的，令人震惊、令人深思的事件。这是社会教育的失败，我们应该更加重视对孩子进行心理健康教育，在他们失去家庭温暖的同时，尽快给予他们集体、社会的温暖，使他们走出困境。中央电视台曾报道过一件发生在新疆的法律纠纷案。一个六年级的孩子因为没写完作业，老师让家长把孩子领回了家，家长把孩子锁在家中又去上班了，等家长下班回来，孩子已自缢死亡。值得我们深思的是什么？假如孩子心理健康，有一定的心理承受能力，那么事件就不会发生；假如家长和老师不简单粗暴，那么事件也不会发生。但这只能是假如，而留给家长、老师、学校的是深深的遗憾！

　　为了使学生在观念、知识、能力、心理素质等各方面健康发展，就必须了解孩子的内心活动。了解他们的心中有什么愉

快和痛苦，有什么问题和需求。为解决好这个问题，我在学生中进行了"心换心日记"心理探究活动，建立了五本日记，分别是离异家庭孩子心理探究，学习成绩欠佳学生心理探究，下岗职工孩子心理探究，单亲孩子心理探究，中队干部心理探究。我把这五种类型的孩子组织在一起，定期讲座、指导，做这些孩子的朋友，告诉他们有什么心里话写在"心换心日记"本上，他们一个一个传着记，我定期收看，并向他们保证做好保密工作。因此，孩子们能够在日记中记录他们真实的心声，我同时也了解了许多孩子心灵深处一般不愿向别人坦露的想法。

我发现青少年心理健康问题已经不是某个个例，而是带有普遍性和时代色彩的社会问题。

国际心理学界的专家把人类心理疾病视为21世纪的一道难题，尤其是现代人不适应社会变化导致的心理问题，如何调适也是亟待解决的难题。

日趋开放的社会给少年儿童带来大量丰富知识的同时，不少糟粕也在蔓延。一些严格禁止学生进入的电子游艺厅无人管理，随便进入；公开播放的电影、电视中不乏暴力、色情镜头。这已经成为一些少年儿童犯罪的诱因，其潜移默化的作用已经使不少无知的孩子变得浮躁不安，而传统的教育又缺乏对孩子的正确引导，这种现状十分不利于少年儿童的成长。

### 让孩子认识错误，从而改正错误

美国精神病专家路易塔·塔利亚说："根据我担任二十多年精神专科医生的临床经验，我发现精神病患者的性格缺陷是：总以为自己是对的。在治疗和生活过程中性格发展的关键，简单地说就是怀有改变自身的谦逊态度。"这段话说明"总以为自己是对的"是一种性格缺陷。而当今有许多孩子，恰恰是不懂得负责的。遇事找理由推卸责任，都是别人的错，没有自己的错。最让人担忧的是我们作父母的根本没有意识到这一点，生怕孩子吃亏，忽视"挫折教育"。今天不少中小学生，一方面在优越、舒适的物质生活环境中享受，另一方面又咀嚼着繁重的学业负担和父母高期望值所带来的苦果。他们要想取得好成绩，就必须勤奋刻苦，换句话说，就是要有毅力。所以，有远见的家长应有意为孩子设置一些困难，给孩子一些"劣性刺激"，让他们在克服这些困难的过程中，增强生活的信心和勇气。

不要忽略"品德教育"。改革开放使社会价值观念日趋多元化。有的家长只重视孩子学业上冒尖，至于思想与品行则漠不关心；有的家长不注意以身作则，当着孩子的面大谈"金钱崇拜""权钱交易""知识无用"等观点；甚至有的家长扭曲价值观念，教孩子做"会享受的人""不吃亏的人""挣大钱的人"；有的袒护孩子的缺点，对老师或别人的提醒置若罔闻；更有甚者，盲目教孩子争强好胜，以致酿成悲剧。

## 重视心理健康教育，培养孩子的健全人格

"三岁看大，七岁看老"，这句流传了多少年的老话，说明了婴幼儿时期是人生素质发展的奠基期，是健全人格形成的关键期，小学阶段所形成的各种习惯、兴趣、爱好，以及对人和事的基本态度、心理素质、情感意志品质等，将对人一生的发

## 第二篇 家长学校培训内容

展产生持久影响。所以,要从小对孩子进行心理健康教育,培养他们坚韧不拔的意志、艰苦奋斗的精神和适应社会的能力,从而形成健全人格。

我从大量的案例中发现,有些学生性格内向,不善言辞;有些学生由于父母离异或学习成绩差产生自卑心理,他们往往隐蔽自己的思想;还有一些高年级学生,其心理发生了一系列变化,变化之一是他们的心理有了一定的闭锁性。鉴于上述这些原因,学生的一些不正确想法或模糊认识就不易被人发现,往往使老师或家长无法及时给予他们帮助和指导。因此,为了使学生在观念、知识、能力、心理素质等方面健康发展,就必须设法及时了解他们的内心活动,了解他们心中的愉快和痛苦。为解决好这个问题,我组织班主任在各中队开展了"心语交流"活动。这项活动使老师对学生的教育以个别指导为主,以保密、尊重为原则。所以,学生能够在日记中写出真实的心声,使老师能够通过学生的日记了解学生心灵深处一般不愿向别人坦露的想法,从而"对症下药",进行必要的心灵疏导和教育。例如,五年一班有个学生在《金桥家校联系册》中写道:"老师,我是班里一名各方面都较差的学生,我也想进步,也想做个好学生,但有时我管不住自己,还会出现这样那样的问题。老师,您能帮帮我吗?"班主任老师在他的《金桥家校联系册》上写道:"读了你的心里话,老师很高兴,因为我从中看到了你的自尊。我非常愿意帮助你。我有一个想法,以后咱们班每月评选一次进步生,希望你能以此为努力目标,严格要求自己、约束自己!如果你这样做了,老师相信你一定会不断进步,一定能成为一名好学生。"

当前，小学生的心理健康问题主要表现为：一是自我抑郁，韧性不足，遇到挫折容易出现心理障碍，消极退缩，有些甚至走上了极端。二是以自我为中心，集体意识淡薄，他们任性、自高自大、依赖性强。三是自我封闭，不愿与外界交往，在公开场合手足无措。将来的社会充满竞争，青少年将面对各种挑战和压力，要成功地立足社会并取得发展，除了在学校掌握一定的知识和技能外，还必须具有健康的心理素质。因此，家长一定要重视孩子的心理健康教育，培养孩子良好的心理品质，这已成为当前教育改革的一大主题，刻不容缓。

根据以上孩子的情况，家长应在《金桥家校联系册》中认真填写孩子的成长记录，以便老师通过批阅，随时和孩子沟通，引领家长教育孩子，指导孩子健康成长。

## 案例1

### 符号爱

在一个干净明澈的午后，母亲从抽屉里捧出一大摞纸，对我招招手，示意我过去。

纸上满满当当的全是数字和符号。以我将近二十年的读书历程，也只能看懂一部分：相互之间用"/"隔开的阿拉伯数字该是年月日吧，而另外的叉叉、三角和圆圈，以及那些莫名其妙的像字又不是字的符号是什么呢？仔细看，也没总结出什么规律来。

我笑了，老妈，你又在造字了！

母亲自小就没上过学。结婚后，在"文革"期间

## 第二篇 家长学校培训内容

参加了扫盲班。一个月的扫盲结束后,母亲正式告别了她的文盲时代,真实情况是只学会了写3个字——她的名字。

但最让我感到惊奇的是,知识上的匮乏,却丝毫不妨碍母亲用只有她才读得懂的"文字"来给做小生意的父亲记账;也无碍于她对生活驾轻就熟地掌握和操纵。她在现实中酿造喜剧的能力超群,让人诧异。

所以,虽然现在摊在我面前的是一些杂乱无章的简单符号,可我丝毫不怀疑背后的深意,以母亲的智慧通达,她一定在其中倾注了诸多秘密。

母亲用满是老年斑的手扶扶老花镜,然后用铅笔点点纸面,语调是几十年来一贯的沉稳。她说,这上面是两年来你的心情,我记的,你听好了啊。

叉叉是心情很不好,三角呢是还可以,而圆圈是很好。

她又解读那些奇形怪状的字所记录的事:喏,这个是你硕士毕业那天通过答辩的圆圈,这是你工作后第一次拿到工资的圆圈,而这个是你见到坐了一夜火车、从老家赶来看你的小脚外婆的圆圈。我竟然有过这么多这么纯粹的快乐?!

而那些不时出现的剑戟般森森散布的叉叉,有伯父去世、大病缠身、工作失意、路上遭窃。曾经,我也有过那么多的愤怒、失落和迷惘。

而最多的是三角,这意味着在大多数的日子里,我的生活波澜不惊,平静又和缓。

一张张细致地看，翻到最后，我问完了，母亲说完了，但她给我总结了一下。她说两年里，圆圈比叉叉多出了43个，可你看到没有，刚开始的那段日子里，是圆圈多。中间是三角多，而最近几个月叉叉多。这说明你最近情绪不好，应该好好调整一下，寻思寻思哪些地方做得不对。

母亲住在大哥家，我的单位就在附近。每天下班后，我都能过去小坐片刻，跟她聊会儿天。每次，她都详细地问我这一天下来干了些什么，发生了些什么事。而当我出差在外时，她也每天给我打一个电话，嘘寒问暖，从我的只言片语中揣测我是高兴还是失落。

可以想象，在我所不知的某个时刻，母亲会拿出纸来，在上面认真地写上日期，然后郑重地画上一个符号。如果她认为这是一件值得记忆的大事，便在后面注上只有她自己才能读懂的"文字"。

她没有多少知识，不懂什么统计学原理，也不会预测财运或爱情走势。可一直以来，她不动声色，却对我的一切洞若观火，甚至比我更了解我自己。

这些负载了特定含义的符号，都记录在心电图纸的背后，这些图纸，是当医生的大哥从医院拿回家的。而她就在别人的心跳背后，记录着我的日常心情，这简直就是前卫时髦的行为艺术。

感慨过后，我故作夸张地大声说，您真该去当个心理分析师。母亲一笑，眼底淌过暖暖的爱意，我只当你的心理分析师，只要你快乐就好。

眼睛忽地就湿了。母亲说，你看你，都过25的人了，还说哭就哭。我说哪儿啊，我是风泪眼，你又不是不知道。母亲听罢，拿起笔，写上日期05/6/23，然后重重地画上一个圆圈。

## 案例2

### 世界上最酷的老爸

吃晚饭的时候，我会替爸爸添满一碗饭，当爸爸露出那特别的眼神望着我并笑眯眯地接下那一碗饭时，我知道，那便是爱。

我出生时他已经五十岁了，而且在任何人都还没想到有"家庭主夫"的名词时，他已经扮演着这样的角色了。我不知道为什么是他而不是妈妈在家，不过因为我当时还小，且朋友之中只有我的爸爸老是跟上跟下的，所以我觉得自己很幸运。

在我小学时期，爸爸为我做了许多事。他让校车司机到家里来载我，我就不用走到六条街外的巴士站等车了。我回家时，他总是为我准备好午餐，通常是花生酱和果酱三明治，依季节不同而有各种形状，我最喜欢的是圣诞节的三明治洒上绿色的果汁，切成一棵树的形状。

我长大一点时就想要独立自主，不想再用这些"孩子气"的方式来表达爱意。但他并不放弃。中学时我无法回家吃饭，开始自己带午餐，爸爸就早点起床帮我准备午餐，但我从不知道午餐会有什么。袋子外面可能是他画的山景（这变成他的注册商标），或者是心形，上面写着"爹地和安琪"，袋子里会有同样的心形餐纸，一个"我爱你"。好几次他还在里边写笑话或谜语——他总是有些可笑的说法令我发噱，让我知道他爱我。

我习惯把午餐藏起来，免得让别人看到袋子或餐纸。但好景不长，有一天我的朋友看到，就抓着餐纸，传给每个人看，当时我尴尬得双颊发烫。更让我感到惊讶的是，第二天每个人竟都等着要看我的餐纸！从他们的表情来看，我想他们都希望能有个人向他们表示那样的爱。我真得意自己有这样的父亲。至今我都还保存着中学期间收到的大部分餐纸。

故事还没结束呢！当我离家上大学（最后一个离家），我想这样的餐纸留言会终止，但我和朋友都很欣慰的是，他的表示没有停止。

我很怀念以前每天放学回家看到爹地的日子。所以我上大学后还常常打电话给他，我的电话费一直居高不下，我们讲什么并不重要，我只是想听听他的声音。离家的第一年，我们通话开始成为一种模式，以后就一直不变。通常在我说再见时，他会说："安琪！"

"什么事，爸？"我回答。

"我爱你。"

## 第二篇　家长学校培训内容

"我也爱你，爸。"

几乎每个礼拜五，我都会收到信。宿舍的室友也几乎都知道信是谁寄来的。寄信人写"帅哥"，好几次信封上是用蜡笔写的，随信寄来的通常是我们家猫和狗的画、他和妈夸张的身材，或者如果我前个周末未回家，他会画我和朋友在附近乱跑，把家里当补给站的情形，他也会加上山景及心形围起的题字："爹地和安琪"。学校送信的时间是每天午餐前，所以我到餐厅前就早已收到父亲的来信了。因为我的室友是我高中同学，她知道餐纸的事，所以我知道藏信是没用的，不久，每个周五下午固定的仪式就是我看信，信封和内附的图画就在同学间传来传去。

就在这期间，父亲罹癌症，如果周五信没到，我就知道他生病了，无法写信。他通常在早上四点起床，利用幽静的时光写信。如果周五没信，过一两天信还是会到，我朋友都戏称他为"世上最酷的老爸"。有一天他们在一张卡片上写下这个头衔，全部的人签名后寄给他。他留下一个典范，令我的朋友终生难忘，而且会激发他们向下一代表达做父亲的爱。

我大学四年间，信和电话从不间断，但最后我还是决定回家和他同住，因为他的身体情况已大不如前，我知道我们在一起的时间有限。看着他，这个一直表现出赤子之心的人，岁月还是不饶人的。最后他病入膏肓，已经不认得我了，甚至还把我误认为他多年未见的亲戚，即使我知道这是因为他病情恶化的缘故，但他不记得我的名字，还是令我伤心。

他临终前一天，我和他独处在医院的病房中，我握着他的手在看电视，正当我准备要走时，他说："安琪？"

"什么事，爸？"

"我爱你。"

"我也爱你。"

# 第八课 做智慧型父母

 **寻找孩子的"闪光点"**

听朋友讲过这样一个故事《让美德占据心灵》。

在非洲的巴贝姆巴族中,至今依然保持着这样一种古老的仪式:当族里的某个人因为行为有失检点而犯了错误的时候,族长便会让其站在村落的中央。这时,整个部落的人都会赶来,将这个犯错的人团团围住,用赞美来"教训"他,围上来的人们会自动分出长幼,从最年长的开始发言,依次告诉这个犯错的人,他曾经为这个部落做过哪些好事。每个族人都必须将犯错人的优点和善行用真诚的语言叙述一遍。叙述时既不能夸大事实,也不允许出言不逊,而且不能重复别人已经说过的赞美。整个赞美的仪式,要保持到所有族人都将正面的评语说完为止。

巴贝姆巴族人是智慧的,他们是要向犯错的人表明一种态度——既然你曾为部落做过那么多的好事、善事,有着那么多的优点,那么请你记住教训,改正错误。

听完朋友讲的故事,我难抑心中的感动。谁能不犯错,哪个孩子又不犯错?这以后,我也学着用这种赞美去寻找孩子亮点的教育方式来感动出错孩子的心灵,效果妙极了。

这个智慧故事和由此衍生的教育故事,充分验证了一位哲学家的话:"要想铲除旷野里的杂草,方法只有一个,那就是种上庄稼;要想铲除灵魂里的杂念,最好的方法,就是用美德去占据丑恶。"

## 案例1

### 让美好占据丑陋

姗姗又撒谎偷用家里的钱了。面对老师的指责训斥,她总是沉默不语;面对家长的"暴风骤雨",也总是岿然不动。因为班中经常失窃,并且她"偷"的恶习已延伸到了校外。在小卖部,她趁售货员阿姨不注意时,偷拿商店里的食物;还有一次她竟然骗小卖部的阿姨说她给了钱却并没有拿到东西,实际东西早已被她偷偷藏了起来,阿姨只好又给了她一袋,为此她跟别人说起时还洋洋得意。我感到了事态的严重,如不及时纠正,这个孩子很可能一错再错,难以教育,怎么办?

早读课上,我先开了个头:"今天,我想进一步了解一下你们,大家从小到大一次也没有犯过错误的请举手!"同学们面面相觑,无人举手。我又问:"你们认为犯过错误,就不该原谅,一定要受到惩罚的请举手。"全班又无一人举手。"好,今天我最想全面了解的是姗姗,以前我不了解她,你们来说说她有什么优点?看谁有一双善于发现亮点的眼睛。"

"她乐于助人，经常借给我文具。"

"她数学挺好的，反应快，我还要常常向她请教呢！"

"她英语学得很好，徐老师只教两三遍，她就会了。"

"有一次，她陪我到她妈妈的商店里买东西，买完后天很晚了，路又很远，我一人不敢回家，她主动把我送回家，自己却一个人回了家。"

……

听着一件件感人的事例，仿佛姗姗在我们每个人脑海里的形象变了。我观察到了姗姗的神情，她哽咽了，两行热泪夺眶而出。我问她："你听同学们这么喜欢你、关注你，记得你做过那么多好事，你想说什么？"她几乎泣不成声："我做了那么多对不住大家的事，可大家还记得我那么多的好处。我对不起你们，我一定改正错误。"在场的每个人都相信这是发自肺腑的真情，我的眼睛也湿润了。

"孩子们，你们曾经上过一节自然课叫《空气占据空间》，你们想想，生活中我们应该让什么占据什么？"

问题一抛出，几个孩子就先声夺人，"优点占据缺点""真实占据虚假""善良占据邪恶""君子占据小人""好想法占据坏想法""美好占据丑陋""热情占据冷漠""冷静占据急躁"……孩子们的思路渐渐打开了，如滔滔江水奔涌而出，说出了许多让人叹为观止的"占据"。最赢得掌声的是"光明正大占据偷偷摸摸",曹瑞祺还搬来了古诗:"坦荡荡占据常凄凄",真有语不惊人誓不休的气势。从孩子们口中说出的这每一个"占据",都让我深深感受到他们的真诚、宽容与友善,我惊叹于这班孩子的语言表达。

他们的真诚"占据"了满满一黑板,孩子们都如获至宝,很自觉地动手抄起来。张劲楠因为漏掉了一个而急得不得了,然后还劝自己"不能急躁,要让冷静占据急躁",他们真是太可爱了。见他们基本写完,我抛出了第三个问题:"大家能对姗姗提些建议吗?"

孙楚楚连忙举手,面对着姗姗,非常诚恳地说:"姗姗,忘掉过去你犯过的错误吧,只要你改好了,我们依然相信你,我们依然是你的好朋友!"

侯媛说:"俗话说'金无足赤,人无完人',你有那么多优点,把那些小毛病改了,你仍然是个好孩子。"

曹楚说:"姗姗,过去的错误就让它过去吧,你千万别自卑,我们大家相信你一定能成为家长、老师还有同学们心目中的好学生。"

郭泽鑫说:"凡事要往好处想,加油!你肯定能追上我们的!"

……

孩子们质朴纯真的语言深深震撼了我,姗姗在同

## 第二篇 家长学校培训内容

学们的信任与鼓励中再次热泪盈眶。

最后我动情地说:"孩子们,你们太棒了!如果我们生活的空间都让这些美好占据,那么那些丑陋的东西必定没有生存的空间,那样我们的每颗心将被世界上所有的美好占据,这个世界将是无限美好的!让我们用自己的热情去帮助姗姗,让热情占据冷漠吧!"

当天,姗姗就在《金桥家桥联系册》上给我留了言:"徐老师,我会用实际行动证明自己,我会改好。今天下午放学,我把教室里洒了两遍水,拖了两遍地。我想说:我们班的同学和我本都在同一起跑线上,现在他们超了我一大步,我很着急,所以我决定上课认真听讲,改正错误,赶快追上他们,我说到就能做到。"我也真诚地给她回信道:"孩子,我已经看到了你的行动。你第一个找我背课文,第一个交给王校长你抄下来的话,今天你又是你们组第一个给我背英语的。我相信你是真的醒悟了,美好的花朵已经开始在你心中绽放。我更相信你今后还会创造更多的第一!"

后续:在以后的日子里,姗姗抬起了头,更加积极关心班级的事情,她自己该做的事能够及时做,扫地、拖地这些力所能及的事她抢着做,课堂上积极活跃。如今,她已跟"偷窃"行为彻底告别。我与她谈心时她坦诚地说:"现在的每一天我都过得特充实,特踏实。我每天就盼着去学校。"在她的脸上洋溢着自信与希望。

最后，我把孩子们写的《占据》附后，我多么希望这一黑板的"真诚"能占据姗姗和所有孩子的心灵，伴他们走向一条健康、快乐、成功的人生之路！

## 案例2

### 老师，请看看我的闪光点！

老师：

今天，我拿到了《学生评价手册》，看到您对我的评价，我觉得非常难过，您是这样写的："原本你可以学得很好，你的好动，使你处处落后于班级同学，老师希望你在暑假中好好反省一下……"

老师，您为什么说我处处落后于班级同学呢？虽然我有时上课爱做小动作，作业做得慢，我有许多缺点，但是我身上还是有些闪光点的，您没有发现吗？

我竖笛吹得很好，那是我的一个闪光点，老师您一定不会忘记我的笛声吧！刚开始学吹笛的一年里，我的水平很糟糕，我每天一有空就练，终于有一天，美妙的音乐从笛孔中飘了出来，我成功啦！我不但会吹老师教过的曲子，也会吹老师没有教过的曲子，同学们惊讶地问我："你怎么会吹这么多曲子？"我说："因为我多练，所以就熟能生巧了。"我现在的水平在班级中是数一数二的，我从一只"丑小鸭"变成了一只"小天鹅"。

老师，您一定还记得我写的小诗《我的妈妈》

吧！我的妈妈是老师，她培养出的学生一批又一批。那次，您要我们写一篇《龙年畅想》的作文，我写了这首小诗交给您。因为我的妈妈是老师，她常常把没批完的作业和试卷带到家里，批到很晚才睡觉，我觉得妈妈很辛苦，希望她和我们一样"减负"，我就写了这首小诗。您读完后，在班上表扬了我，还叫全班每人都写一首《龙年小诗》，班里涌起了写诗的热潮；您把写得好的诗贴在墙上，我的诗被贴在第一页。您知道，我心里有多么自豪啊！我还会朗诵，您让我主持过主题班会；我的双手也很灵巧，我会剪窗花、折飞机、做"糖纸人"……老师，这些好的地方都是我用功练出来的。您还能说我"处处落后于班级同学"吗？我一定要多加努力，改正缺点，做一个不断进步的小学生。

您的学生

《教师博览》2001年第2期

 **规范孩子的行为**

父母教育孩子时要理性，要把握一个"度"，以预防为主。对原则的事要寸土不让，对小事要宽容理解。孩子的坏习惯都是小时候慢慢形成的，如果开始没有把握好，没有及时制止他说谎、顶撞、不尊重父母、和父母故意对抗等错误行为，等孩子陷得很深，问题很严重了，再指责、批评、压制他，孩子就会更加故意对抗。此时，父母必须具备极好的耐心，否则只会适得其反。坏习惯慢慢地形成，也只能慢慢地再去根治。要引领孩子做聪明人。什么是聪明人？第一，聪明人会认识自己的错误；第二，聪明人会改正自己的错误；第三，聪明人不会犯同样的错误。

## 做个"装傻、示弱"的智慧母亲

在日常生活中，我们常用"毫不示弱"来形容一个勇敢的人，但时时处处不示弱的人往往能得一时之利，却很难成为最终的成功者。向人示威人人都会，向人示弱却只有少数人才做得到，因为示弱更需要智慧和勇气。

在教育孩子的过程中，会适当地"装傻，示弱，抱怨"的妈妈，其实是睿智的母亲，是一种境界，是聪明人所为。懂得真正负责的母亲，对孩子的事切记不要统统包揽，事无巨细地安排，让他在你的控制范围内活动，无意中让孩子失去了思考、选择的自由，使孩子综合素质得不到提高。时间久了，孩子就会产生逆反心理，像生活在高压氧舱中，心里的压力可想而知。有时候"退让"是为了要更好地"防守"。更何况母亲的宽容会让孩子有安全感和亲切感。所以，智慧的母亲懂得变通，懂得适当地调整自己的心态，也懂得和孩子换位思考，摆正自己的位置，更懂得在适当的时候"装傻，示弱，抱怨"。

# 第二篇　家长学校培训内容

## 案例

### 母亲生病后的抱怨

上初中的儿子放学了，一进屋，他满以为像往常一样能马上吃上饭，可是却看到妈妈今天没有做饭，还躺在床上。他生气地说："妈妈，你怎么还不做饭。"妈妈有气无力地说："孩子，妈妈今天不舒服，头疼。"他接着说："哼，我就不相信疼得都不能起来做饭，你就不想想，我一上午四节课，多饿、多辛苦，人家的妈妈知道孩子马上就要中考了，病了也一定会坚持做饭。"看着愤愤不平的儿子，她有些伤心，可是她清楚地知道这是她教育不到，惯的结果。她平静下来，忍了忍没有发火。但她想：这个儿子该想办法"修理"了。她坚持着爬起来，喃喃地说："对，儿子没错，儿子是希望妈妈像别人的妈妈一样更优秀一些，妈妈现在去给儿子做饭。"她故意生气，但平静地煮好方便面，告诉儿子："你去吃吧，妈妈不舒服。"接下来，她忍着，故意一星期没跟儿子说话，只是默默地做饭，尽量搞好"后勤"服务工作。因为她懂得，人是不愿让管的，所以我们常常听到"不用你管"，你要硬管，只能越管越糟糕；但人是怕被冷漠的，冷漠就是对他不屑一顾，不尊重他。小孩当然更是怕冷漠。丈夫也趁机递话说："你妈生气了，挺伤心的，她天天忙着工作还忙着给你做饭，她生病了你应该懂得去关心她一下，这才是懂事有孝心的儿子。"儿子没有吭气，但她知道儿子在反省。过了几天，儿子对爸爸说："从明天开始，早饭我不用妈妈起来做了，我自己做。"她知道可爱的儿子在用行动承认并改正自己的过错。第二天，儿子果然自己起床煮了牛奶，并且吃完早饭说："妈妈爸爸我走了。"她答应了一声，但她狠下心坚持着没有起床，不再给儿子做早饭。又过了几天，儿子说："妈妈，做早饭没什么可难的，你把煤气打到3，煮奶和煮方便面时就不会溢，等你洗完脸就煮好了。"你看他还总结出了经验，真是实践出真知啊！看着儿子天真的笑脸，她想："儿子，你又长大了，你一次次出错，妈妈耐心地一次次纠错，你也在错误中总结经验，健康成长！出错也许是好事啊！"

# 第九课　陪伴和交谈的技巧

 **辩证地对待孩子的优缺点**

从方法论的角度说，家长的眼睛看到孩子身上的缺点和毛病，只是看到事物的"一点"而不及其余，具有片面性，是"形而上学"；同样，只看到孩子身上的优点和长处，也不是全面看待孩子，同样也不符合"辩证法"。过去信奉"不打不成才"的教条，一味批评那是违背教育原则的。如果我们把"好孩子是夸出来的"理解为只能一味地夸奖孩子，也就是说，孩子无论怎么说、怎么做，家长和老师都说"好好好"，就是不能批评，那不就是典型的迁就、姑息、放任、纵容、恭维和吹捧吗？再有，只要一味地说"好好好"，就能夸出好孩子，那教育不是就太简单了吗？那还要我们教育工作者做什么呢？家庭教育和学校教育不都是"画蛇添足""多此一举"了吗？现在已有许多孩子只能听表扬、不能听批评，傲慢骄横，唯我独尊，"老虎屁股摸不得"，本来就难管教了，还要无原则地夸奖，难道娇惯得"火候"还不够，还要加温吗？显而易见，一味夸奖也是片面的，同样也不符合教育原则。

要想激发孩子的学习兴趣和动力，必须要做到三点：一是启发孩子的内动力，当好拉拉队长；二是周围人对孩子的认可，使孩子有信心；三是要系统化地、耐心地对孩子进行训练。

 **引领孩子健康成长**

家长要当好孩子的"领导"，这里的"领导"指的是要引领和教导，是耐心地、循循善诱地教导孩子健康成长。

要提高孩子辨别是非的能力，告诉他们，犯错并不可怕，可怕的是重复地去犯错，知而不改；要以平和的心态对待孩子的错误，孩子在成长中遇到困难和发生问题是正常的，因为人无完人，孰能无错，但要清楚地让孩子知道，人无完人并不是可以犯错的理由，聪明的人少犯错误，高明的人是不重复犯错误的。当我们慢慢地跟孩子讲清道理，而不是忙着批评、指责、打骂时，孩子的心灵在成长，思辨能力在提高，这就是在进行素质教育，这样孩子的素质怎能不提高呢？心理素质也会不断加强。家长切记：要少安毋躁，要拿出教孩子学说话、学走路的耐心教会孩子做人与做事，指导孩子朝着正确轨道健康成长。

**掌握夸奖孩子的技巧**

父母表扬和批评孩子要选准时机。一些家长说："孩子喜欢听表扬，我们要多表扬孩子。"以至于有些家长还要授意老师："我的孩子喜欢戴高帽，老师，希望你多表扬他。"但我觉得对待孩子应当该表扬时才表扬，该批评时就批评，要用唯物客观的态度对待孩子的变化。只有做到准确、及时，才能让孩子心服口服。表扬和批评的方法用得稍不得当，就有可能造成家长和孩子的不愉快,让孩子产生逆反心理。一位家长说:"我总是想方设法找理由表扬儿子。有一次,我检查他的作业,虽然觉得写得不好,但我为了鼓励他,仍说:'不错嘛,写得蛮好。'"结果儿子冷冷地说:"我晓得你在讽刺我,其实我写得一点儿也不好。"弄得场面十分尴尬。这样也会让孩子感到做家长的虚伪、不真诚。那么,应该如何夸奖孩子呢?首先,夸奖要出于真诚,不能为了夸奖而夸奖,只有建立在以事实为依据的基础上的发自内心的夸奖才会产生感情的共鸣,才会真正地有力量。那些言不由衷的夸奖,不仅不会产生激励的作用,相反还会使孩子产生反感和厌恶的负面影响,所以夸奖必须切合实际、恰如其分,不可夸大其词。

**案例1**

### 一位母亲与家长会的故事

一位母亲第一次参加家长会,幼儿园的老师对她说:"你的儿子有多动症,在板凳上连三分钟都坐不了,你最好带他去医院看一看。"

回家的路上,儿子问她老师都说了些什么。她鼻子一酸,差点儿流下泪来。因为全班30位小朋友,唯有他表现最差;唯有对他,老师表现出不屑。然而,妈妈表现出超人的智慧,她告诉儿子:"老师表扬你了,说宝宝原来在板凳上坐不了一分钟,现在能坐三分钟了。其他的妈妈都非常羡慕我,因为全班只有宝宝你进步了。"那天晚上,儿子破天荒吃了两碗米饭,并且没让她喂。

儿子上小学了。家长会上,老师对这位母亲说:"全班50名同学,这次数学考试,你儿子排第49名。我们怀疑他智力上有些障碍,您最好能带他去医院查一查。"

回家的路上,她流下了泪。然而,回到家里,她却用超人的智慧对坐在桌前的儿子说:"老师对你充满信心。老师说了,你并不是个笨孩子,只要能细心些,会超过你的同桌,这次你的同桌排在第21名。"

说这话时,她发现,儿子暗淡的眼神一下子充满了光,沮丧的脸也一下子舒展开来。她甚至发现,儿子温顺得让她吃惊,好像长大了许多。第二天上学时,儿子去得比平时都要早。

儿子上了初中,又一次家长会。她坐在儿子的座位上,等着老师点她儿子的名,因为每次家长会,她儿子的名字在差生的行列中总是被点到。然而,这次却出乎她的预料,直到结束,都没听到儿子的名字。她有些不习惯。临别,去问老师,老师告诉她:"按你儿子现在的学习成绩,考重点高中有点危险。"

她怀着惊喜的心情走出校门,此时她发现儿子在等她。路上,她扶着儿子的肩膀,心里有一种说不出的甜蜜,她用智慧的头脑组织智慧的语言,说:"儿子,班主任对你非常满意。她说了,只要你努力,很有希望考上重点高中!"

高中毕业了。第一批大学录取通知书下发的日子，学校打电话让她儿子到学校去一趟。她有一种预感，儿子被清华录取了，因为在报考时，她对儿子说过，她相信他能考取这所学校。

她儿子从学校回来，把一封印有清华大学招生办公室的特快专递交到她的手里，突然转身跑到自己房间里哭起来，边哭边说："妈妈，我一直都知道我不是个聪明的孩子，是您……"

这时，她悲喜交加，再也按捺不住十几年来凝聚在心中的泪水，任它打在手中的信封上……

## 案例2

### 从小训练孩子说话、做事要有主见

中国人很喜欢讲一个口头语，叫做"随便"。有一位父亲，他上幼儿园的女儿常使用这个词，为了教育女儿，他就采用了下面的做法：

两个人一起出去吃饭，服务员把菜单拿过来，父亲看了一眼，然后就问女儿："你要吃什么？"女儿就回答说："随便。"然后父亲就跟服务员说："小姐，我要一盘蒸饺，一碗酸辣汤，我女儿要'随便'。"服务员就笑起来，问："随便怎么点？"父亲就故意说："哎呀，他们不卖'随便'，那我们起来换一家。"

女儿知道错了，但是不想去别的地方吃，父亲却坚持把她拉起来,来到了另外一个餐厅坐下,服务员把菜单拿过来,父亲又给女儿看,结果女儿连翻都没翻就说要吃牛肉面,生怕父亲又换一家。这时,父亲说:"孩子,刚才在那个餐厅,你就告诉爸爸你想吃牛肉面,那我发誓今天晚上一定帮你找到,但是你不要跟我讲'随便',这是一种没有主见的讲法。"

余世雄《领导商数》

# 第十课　教育的艺术在于唤醒、激励和鼓舞

 **懂得双向选择，不要一厢情愿**

现代家庭教育最忌讳的就是家长一厢情愿，本着良好的动机却收到消极的后果。一个称职的家长，应该是良师益友，懂得尊重孩子，重视保护孩子的自尊心。孩子的自尊心一旦受到伤害，就会和家长消极对抗。所以，家长在教育孩子的时候，一定要把孩子的利益放在受尊重的位置上，你和孩子的心处在一种平等交流的位置上，孩子就会从内心深处受到触动，随之产生的就是对父母由衷的爱，孩子就会从心里感到服气。但一定要把握好度，否则爱超出尺度，就变成了溺爱。

家长一定要想想：怎样和孩子沟通才有效。当你平心静气以商量和讨论的语气和孩子交流时，孩子的头脑会更理智、更冷静，孩子能学会从正反、好坏、利弊、得失等正反两方面分析父母的见解和主张，从而提高孩子的思辨能力和自觉、自控能力。

所以，教育孩子切记遵循两个原则：

①尊重原则：尊重孩子的人格，尊重孩子的意见，尊重孩

子的能力，尊重孩子的选择。

②激励原则：家长善于发现孩子的优点，鼓励孩子保持扩大优点，这叫扬长教育。家长要改变一种现状，即家长不停地挑孩子的错，希望孩子去改错，这叫批短教育，久而久之，只会适得其反。

**案例1**

**陶行知"喂鸡"**

有一次，陶行知先生在武汉大学演讲，走上讲台，他不慌不忙地从箱子中拿出一只大公鸡。台下的听众全愣住了，不知陶先生要干什么。他从容不迫地掏出一把米放在桌子上，然后摁住公鸡的头，强迫它吃米，可是公鸡只叫不吃。怎样才能让鸡吃米呢？他扳开鸡的嘴，把米硬往鸡的嘴里塞，大公鸡拼命挣扎，还是不肯吃。陶先生松开手把鸡放在桌上，自己向后退了几步，大公鸡就自己吃起米来。这时陶先生开始演讲："我认为教育跟喂鸡一样，先生强迫学生去学习，把知识硬灌给他，他是不情愿学的，即使学也是食而不化，过不了多久，他还是会把知识还给先生的。但是如果让学生自由地学习，充分地发挥他的主观能动性，那效果将一定会好得多！"台下一时间掌声雷动，为陶先生形象的演讲开场白叫好。

## 案例2

### 孩子的改变和勇敢

女儿生病了,经医生检查需要输液三天,孩子一听要打针就大哭起来,说什么也不肯伸出小手,直喊"疼、疼"。爸爸妈妈硬是拉也不行,护士在一旁皱起眉头。这时,医院又来了一个小男孩也要输液,爸爸连忙说:"看看小弟弟和你谁勇敢,不怕打针。"这么一说,女儿不哭了,可还是不肯伸手,爸爸见状又说:"你看爸爸那天把手指甲碰掉了,医生给爸爸缝了四针,多疼呀!爸爸连一声也没哭,还跟医生有说有笑。"女儿一听,颤抖地伸出小手,妈妈一看赶紧鼓励:"一点儿也不疼,看我女儿多勇敢,应该奖励一朵小红花。"不知不觉中女儿扎完了第一针。第二天输液,女儿主动伸出小手,还和护士阿姨问好,很开心!看着女儿坚强的表情,妈妈心里也有说不出的开心。

父母切记:像不能强按着鸡的头吃米一样,一定不要"强逼"着孩子做事,一定要对孩子耐心、轻声细语地讲清道理,这种态度的结果是让孩子感到最终做出的决定是自己思考的结果,并不是父母强加于他的,让他感到自己行。

## 当好"镜子",身教重于言教

培养孩子形成好的习惯或帮助孩子改变一些坏的习惯主要责任在于父母,我们只能教给家长一些具体、理性的方法。天下的道理说到底都很简单,但如何让孩子心服口服地接受、真正地认同,就大有学问了。我可以告诉所有父母,所有的孩子小的时候都是一样的,单纯、可爱、聪明,他们就像一张白纸,不恰当的教育方法就像在这张白纸上胡写乱画一样,到一定程度,白纸成黑纸了,你却全部怪孩子,指责、埋怨甚至打骂,孩子心里不服气,就会产生抵触情绪。所以,我希望所有的家长一定要懂得,孩子在成长过程中会出现各种各样的问题,这些问题的发生,不是孩子一个人的问题,家长、学校、社会都有责任!家长要拿出教孩子学说话、学走路的耐心帮助孩子认识问题,养成平等、理性、友好地和孩子交流的习惯,帮助孩子树立积极乐观的人生态度,从而掌握认识问题和解决问题的能力。马卡连柯说:"不要以为你们同儿童说话,教训他,命令他的时候,才是在进行教育。你们在生活的每时每刻,甚至你们不在场的时候,也是在教育儿童,你们怎样穿戴,怎样同别人谈话,怎样议论别人,怎样欢乐或发愁,怎样对待朋友或敌人,怎样笑,怎样读报……这一切对儿童都有着重要的意义。"由此可见,父母平时的一言一行比空洞的说教,对孩子的心灵更具有穿透力。

第二篇　家长学校培训内容

## 案例

### 世上最好的手

　　三年前,我和父亲一起旅游。中午的时候,我们来到一个山间小镇,走进一家小吃店,店里人挺多。有一张桌旁坐着一位年轻的母亲,打扮得利索,抱着个孩子,身边还有个包。我走过去问:"我们可以坐这儿吗?"她微笑着点头。

　　孩子大约两三岁,很可爱,母亲双手抱着他,一边微笑,一边用嘴咬着勺子的一端,很熟练地把舀的菜喂到孩子嘴里。开始我以为她在逗孩子玩,但她那麻利的动作告诉我另有原因。我偶尔抬眼观察那母子俩,突然发现了一个让我吃惊的问题——孩子的两只袖管是空的。我偷偷拉了一下父亲的衣角,她大概感觉到了,继续那样喂孩子,然后平静地说:"是几个月以前的一场意外。孩子的爸爸离开家乡去浙江打工,要为孩子装一双世界上最好的假手。"她喃喃地重复着:"世界上最好的。"

　　我终于忍不住问道:"那么,你为什么要用嘴咬着勺子喂孩子吃饭呢?"她解释道:"孩子失去双手时还不记事,不了解将来的艰难。他这一辈子注定要用假肢,要用嘴或脚代替自己的双手劳作。我是妈妈,不能让他现在就感到痛苦,我要让他和其他孩子一样活得开心。要他知道妈妈也是用嘴做事的。孩子

103

天天跟我在一起会模仿的,只要在孩子面前我就尽量用嘴做事。现在他可以用嘴做好多事了。"

"我要好好保护他的牙齿。"她一面说着,一面开始收拾。我看着她熟练地抱着孩子,轻轻地放进车里,然后,用牙一拉带子,把包挎在肩上。她跟孩子说:"跟爷爷和阿姨说拜拜。"孩子摇晃着脑袋咿呀着:"拜拜……"看着母子俩快乐的背影,我一直在想:一个很普通的母亲,竟会如此伟大!

"要他知道妈妈也是用嘴做事的。"多么朴实的语言,身教胜于言教啊!

《报刊文摘》

# 第十一课　教育孩子就是成长自己

## 一个有趣的科学实验

有个动物学家做了一个实验：他将一群跳蚤放入实验用的大量杯里，上面盖上一片透明的玻璃。跳蚤习惯性爱跳，于是很多跳蚤都撞上了盖上的玻璃，不断地发出叮叮咚咚的声音。过了一阵子，动物学家把玻璃片拿开，发现所有跳蚤依然在跳，只是都已经将跳的高度保持在接近玻璃盖即止，以避免撞到头。结果竟然没有一只跳蚤能跳出来——依它们的能力不是跳不出来，只是它们已经习惯了只跳这么高。后来，那位动物学家就在量杯下放了一个酒精灯并且点燃了火。不到五分钟，量杯烧热了，所有跳蚤自然发挥求生的本能，每只跳蚤再也不管头是否会撞痛（因为它们以为还有玻璃盖），全部都跳出量杯以外。这个试验证明，跳蚤会为了适应环境，不愿改变习性，宁愿降低才能、封闭潜能去适应。人也是如此。人类在适应外界大环境中，又创造出适合于自己的小环境，然后用习惯把自己困在自己所创造的环境中。所以，习惯决定着一个人的活动空间的大小，也决定着一个人的成败。养成好习惯对于个人的成功非常重要。

##  父母对于孩子的成长起着决定性的作用

如果把人一生比作一棵树的话，那么家庭教育正是树根的教育，学校教育是枝干的教育，社会教育是树叶的教育。决定这棵树能不能结出硕果的根本原因在树根扎得深不深，树根吸收的养分足不足。孩子的人生走向根本取决于家长本身提供的家庭教育，是否能为孩子的人生提供营养充分的沃土。"成功的家教造就成功的孩子，失败的家教造就失败的孩子"，美国人泰曼·约翰逊这样说。南怀瑾大师说过：一个人7岁前心性和习惯基本定型。孩子7岁前养成良好的习惯和品性，将终身受益；而7岁前没有养成良好的习惯和品性，长大了就不好教育了。

一个人成功与否，性格、行为习惯起着决定性的作用，而人的性格和行为习惯的形成与家庭有着密切的联系。随着年龄的增长，很多情况下我们会发现孩子越来越像自己的父母，但是没有哪些孩子会越来越像自己的老师。一个从小没有接受过良好教育的孩子，他的一生要经历多少的坎坷和艰辛啊，他将在这个世界处处碰壁，碰得头破血流。在很多心理疗愈课程里，好多成年人，他们现在所遭遇的困境，追其根源，根本原因都在童年，特别是小时候父母给他们造成的影响。一个受过伤害的孩子，他的一生要用多少次舔舐去疗愈啊。不接受教育，就要接受教训。因此，家庭教育是其他一切教育的基础，父母对于孩子的成长起着决定性的作用，怎么评价家长在儿童教育中的重要性都不过分。

##  家庭中父母的素质决定了孩子的素质

孩子的出生就像刚买回来的一台电脑，不能直接用，孩子也是一样，孩子肉体的出生只是相当于有了电脑的硬件，我们需要给它装系统装软件，这些系统和软件的组装需要多长时间呢？大约需要二十多年的时间。这些软件组装完成之后，孩子今后的人生都将按照这样的程序去运行。孩子的系统和软件是谁组装的？是父母组装的啊。父母给他装上什么软件就会运行什么程序。智慧父母给孩子装上好的软件，孩子健康活泼积极向上，长大后造福社会；不懂得教育的父母给孩子装上坏的软件，自私任性，乱发脾气，甚至有极端父母给孩子装上病毒软件，将来危害社会！所以，孩子能装上什么样的软件成长为什么样的人，完全取决于父母，因此说父母的素质决定了孩子的素质！

1. 父母的教育缺失对孩子的影响。

教育孩子是父母的职责，是不可推卸的责任。不能孩子一出生就把他交给老人，或交给保姆，自己什么都不管了。保姆能帮你教育好孩子吗？交给老人，老人只会把孩子宠坏了。隔代亲，老人对孩子无原则的溺爱，只会把孩子惯坏了。所以那些把孩子完全交给老人，自己什么都不管的，孩子百分之百出问题。

2. 父母的过分专制对孩子的影响。

要求孩子必须听自己的，不允许孩子有自己的意识和想法。它导致的结果有两种：一种是遭来孩子强烈的反抗，父母越想让他怎么做，孩子越不那么做，完全不听父母的。另一种就是孩子的自我意识完全被摧毁了，他没有了自己，全部听父母的。大家觉得这样好不好？这样的话父母彻底赢了，也彻底输了。彻底赢了是说孩子终于什么都听父母的了，父母要的不就是这个吗？但也彻底输了，是因为这样的孩子失去了创造力，失去了自我意识，他长大后什么都干不了。

3. 父母的过度宠溺对孩子的影响。

孩子成了"被毁坏的宠物"。对孩子最大的害是什么？就是父母什么都给他干了，结果他什么都不会干。孩子连独立生活的能力都没有，连自己都照顾不了，更别提以后照顾别人了。对孩子最大的爱是什么？就是支持孩子做他自己。孩子想做什么想尝试什么，父母就支持他。让孩子自己去探索他的世界、他的人生，是我们能给孩子的最好的爱。

4. 父母的监控对孩子的影响。

日记被看、书包被翻是家常便饭，为了完全监控孩子，父母逢强智取，遇弱强攻，还美其名曰：上级审查。讲一个故事，有一个女孩，父母怕她谈恋爱走弯路，形影不离，没收了手机，上学放学父母轮流护送，孩子回家就被锁在房间里，女孩为此产生了极大的抵触情绪，要给大人一点"颜色"看。结果就是在父母看管最严的时候，女孩怀孕了。记者采访时，女孩说："手机上交，我可以借同学的，我有家里的钥匙，他到了我家楼下，电话打给我，我就从窗口把钥匙丢下去，他到我家开门，然后我就出去了。父母把我反锁在家里根本没效果。他们越这么'关押'我，我就要给他们点颜色看，我怀孕就是给他们的'颜色'，是他们'逼'出来的。"这是现实中一个让人十分痛心的真实故事。且不说这种方式对孩子的不尊重，就事情本身而言，看管和监控，不仅无效而且是危险的，所谓"不塞不流，不止不行"。那么，不监控，怎么办呢？最有效的方式，就是建立孩子合理的态度和价值观，简而言之，父母能做的是教会孩子选择，而不是监控、替代和强迫孩子。

5. 父母的语言过激对孩子的影响。

父母口不择言，殊不知"良言一句三冬暖，恶语伤人六月寒"，如果你不是孩子，就永远不能体会到被父母责骂、贬低的滋味。即使是面对自己的孩子，说话也不要毫无选择，孩子年龄越小，他们对于父母的评价就越依赖，消极的评价、恶劣的情绪对孩子的伤害是很大的。其实，同样一句话，用不同的角度和方式说，善意和鼓励的角度，比指责和贬低更能发挥积极的效果。

6. 父母的不良嗜好对孩子的影响。

烟雾缭绕、酒气熏天、麻将声声，不良习惯的另一面就是不良性格，大人酒喝多了，麻将输了，最后遭殃的却是家人。不良嗜好，不仅带给家人烦恼，更重要的是对自己的身体危害极大。不管那个习惯持续了多少年，还是咬咬牙戒了吧，没有改不了的习惯，只有不想改的人！

7. 父母包办代替对孩子的影响。

无论是穿衣服、时间安排，还是交朋友、选报兴趣班，都不能自己做主。父母的解释永远是：小孩子懂什么，这都是为你好。父母包办的现象在中国十分普遍，要么是父母放心不下，要么是认为自己的想法才是正确而重要的。其实，即便孩子再小，也是一个人，他们的兴趣和感受需要尊重，他们应该有一定范围内的自主权，只有给他们自己做主的机会，他们才能发展自己的个性，才不至于毫无主见。对于交朋友，我们应该给他们原则性的指导，但是最好不要具体的干涉。什么样的朋友有什么样的好处，学习不好的朋友可能胆子大、脑子活，也可以丰富孩子的性格，我们成年人不也是什么朋友都要有吗？

8. 父母不和对孩子的影响。

大人不懂得谦让，经常互相责怪。无论是父母吵架，还是父母和老人不和，对于孩子来讲都是心理上的电闪雷鸣、雨雪交加，但苦于自己年龄尚小，无能为力，只好躲在角落里暗自抽泣。和谐的家庭气氛对于孩子的成长，就像充足的阳光和水分。父母的关系就是孩子的天气，孩子的心灵还很稚嫩，恶劣的天气不仅妨碍孩子身心的健康成长，往往还会留下终生的心理阴影。构建温馨、互爱的家庭，是父母对孩子应尽的责任。

9. 父母失信对孩子的影响。

许诺的事情不认账或者大打折扣或者无限期拖延，甭管孩子多盼望，盼了多久。父母的失信有两个明显的消极影响：其一，父母的威信大打折扣，而父母的威信是教育的基础；其二，父母的失信行为给孩子树立了消极榜样，你说话不算数，很难要求和指望孩子说话算数，只要你无法完全监控，孩子随时存在失信的可能。

10. 父母和别人比对孩子的影响。

我们中国的家长特别喜欢拿自己的孩子跟别人比，还经常是拿别人的优点跟自己孩子的缺点比，"你看人家谁谁谁学习多好，你看人家谁谁唱歌多好，你看人家谁谁谁跳舞多好"。这个对孩子自尊心的伤害非常大，切勿拿别人孩子的长处来比你孩子的短处。如果非要比,就拿孩子跟他自己比,拿孩子的过去跟现在比,孩子比从前只要取得了一点点进步,就表扬他,这样孩子才会越来越好。

 **孩子是父母的影子**

家长和孩子可以互相映射,孩子其实就是父母的一面镜子,孩子的问题根本上是家长的问题,孩子出错,根源在家长和孩子交流沟通出了问题。如果一个孩子特别倔强,爱钻牛角尖,那么家长中肯定有这样一个人;如果家长不改变自己教育孩子的理念和方法,那他迟早会在孩子面前低下倔强的头颅。教育孩子就是成长自己,父母的素质提高了,将直接影响孩子的发展,并为之奠定一生幸福的基础。家庭教育的核心是父母教育,父母要为孩子做出表率和榜样,不断修行、提升自己,这才是最好的家庭教育。

习近平主席曾说:"未来中国,是一群正知、正念、正能量人的天下。真正的危机,不是金融危机,而是道德与信仰的危机。谁的福报越多,谁的能量越大。与智者为伍,与善良者同行,心怀苍生,大爱无疆。"真正决定一个人成就的,不是天分,也不是运气,而是严格的自律和高强度的付出。成功的秘密,根本不是秘密,那就是不停地做。简单的事情重复做,重复的事情用心做,如果你真的努力了,态度端正了,找对位置了,目标明确了,心胸豁达了,你会发现自己比想象的要优秀得多。天才不是天生的,而是后天训练出来的。成就越大的人,越勤奋,越爱学!教育孩子就是不断地成长自己,自我行动起来影响孩子,激发他们的模仿力和创造力。

真正的爱孩子，不是让他成为另一个我，而是支持他成为自己，活出属于他自己生命的精彩。

如果家长真的关心孩子就不要再把责任全推给老师。您的孩子对于老师来说仅仅是五十或六十分之一，而对于您，对于您的家庭来说，却是百分之百。积极配合老师，一起帮助孩子养成良好的习惯，让这个良好的习惯带给孩子一个好的未来。不要再让学校教育上演5+2=0的悲剧。记住：白纸一张的孩子自己很难去形成好习惯，只有家长们从自己做起，帮助孩子而不是希望孩子自觉自悟地形成好习惯！各位家长，不要再每天当着孩子的面不是麻将就是手机微信，要不就是谈论去那好玩好吃喝。如果做不到真的学习充电，请在孩子面前每天做个学习充电的样子！孩子力所能及的事情让他自己做，不要再把他当残疾人养了，那样养出来的孩子身体不残疾但绝对心理残疾！孩子是自己的不是别人的，只能自己用心，给孩子们养成良好的习惯是家长应尽的责任！

# 第十二课　要从小重视素质教育

所谓素质教育，它包括心理素质、专业素质和综合素质的教育。那什么叫素质呢？素质就是对事物认识程度的高低以及相应能力的大小。对孩子进行心理素质教育最为重要。心理素质包括：自我控制能力、自我平衡能力和思辨能力。一个人能分清什么该做，什么不该做，并且能很好地控制自己去做应该做的，这就是一个高素质的人。我们就是要培养这样的人，这也就是真正的素质教育。但现阶段素质教育的情况不容乐观。

 **现阶段存在的问题**

1. 成人急功近利，一切向钱看；体现在教育上，一切向分数看。因为奖金和分数挂钩，差几分考不上好学校要和钱挂钩。

2. 重育分轻育人。因为没有一套像智育一样完整的量化体系，不像语文、数学，各科有明确的分工，所以容易使德育落空。确切地讲，教育者可以"偷懒""钻空子"，因此我们会听到这样的话"德育说时重要，做时次要，忙时不要"，所以社会上出现了一些道德思想品质和心理健康有问题的孩子。

3. 社会教育落后。

##  认真观察与思考

我当了多年家长学校校长，一直在思考德育为什么没有一套像智育一样完整的量化体系？为什么容易落空，成为软任务？为什么没有作业？怎样进行量化？这几年来，我一直在思考并研究这个问题。

第一，我认为做事不能浮躁，要把心沉下来，不能浮在上面。而教育更是不能浮躁。向分看，选拔人才需要分，也许这并不错，但是对孩子的教育必须从基础抓起，必须要拿出教他学说话、学走路的耐心教他学会做人与做事，先成人后成才，成才先立德。训练孩子养成良好的行为习惯，特别是小学阶段。

第二，我认为懂教育、从事教育，特别是研究教育的教育工作者，要引领家长科学育儿。学校不能盲目地跟着不懂教育的部分家长转。家长要"分"，学校就忙着抓"分"，所以要办好真正的家长学校，要尽快转变家长的教育观念。因为父母在乎什么，孩子就从哪方面努力；家长重视什么，学校也就从哪方面发展。

第三，我认为要用爱心办教育，要为孩子考虑20年以至30年以后的事，不能急功近利。要真正全面提高孩子的素质，及时纠正孩子的错误行为，不能只是纠正孩子的错题。也就是说，要随时、随处、随机、随人、随事对孩子进行及时的肯定（表扬）和纠正（批评）。

第二篇  家长学校培训内容

 从实践中寻找解决方案

第一，我们每一位教育工作者，特别是有名望的教授、专家，应该呼吁特别是落实中小学阶段要有序、分阶段地对孩子进行养成教育的训练，必须量化考核训练题目，不能只停留在呼吁重要、谈谈现象的阶段。对孩子要从小培养，不要到了大学再来"改变"。我曾应邀到大学讲了一节题目为《如何当好大学班主任，衔接好中小学到大学的过渡》的课，我深深地感到：教育孩子应防患于未然，不要亡羊补牢。孩子上大学前，做家长的忽略了很多，而在中小学阶段，夜以继日的听、说、读、写训练使孩子在人格个性发展的关键时期，失去了良好的外部环境，使得一些孩子的人格发生了偏离和扭曲，所以我们必须从基础抓起，从做人做事等诸多小事上做起。到大学再训练学生的行为习惯，谈养成教育，那是补中小学未来得及修完的课，这是中小学阶段"教书"两个天平严重失衡造成的后果。

第二，利用好《金桥家校联系册》。我们研究编写出了一套《金桥家校联系册》，也就是孩子的成长记录册。只要是想真正把孩子教育好的家长应该每天把孩子的真实情况反馈给老师，借助老师的力量教育孩子。因为0~6岁的孩子最听父母的话。0~6岁是孩子成长的最关键期，但有些家长不懂教育，忽略了这一时期对孩子行为习惯的训练。6~12岁这个阶段的孩子最听老师的话，老师就是他的领导，所以我们常听见孩子们说"我们老师说……"。我们必须抓紧这一时期，不能再延误了。而作为老师，他们也喜欢批阅《金桥家校联系册》，现在的孩子很难教育，老师也很难当，管理起来很不容易，有了《金桥家校联系册》后，老师能够借助家长的力量及时对孩子进行教育，以便于更好地管理他们。所以，《金桥家校联系册》不但起到了沟通家长和学校的作用，也沟通了师生之情、母子之情、父子之情……最主要的是通过沟通维护了孩子终生的身心健康，加强了孩子的修养，及时规范了孩子的行为，使孩子将来有能力解决纷繁复杂的问题和困扰。

第三，我们研究出了一套量化管理和积分管理的方法。使知与行不再脱节，做到了知、行合一的有效结合。有效实施了奖励式教育的落实到位，实现了互动式养成教育的经常化和课程化，真正的解决了家校沟通难的问题。对家长、对老师都有了具体的要求，并且都能执行。要求老师批阅育人作业，每月必须向家长反馈两次孩子在校的情况；要求家长及时向老师反馈孩子在家各方面的表现。使用《金桥家校联系册》以来，我校只有两位家长没有按要求完成任务，后来他们向校方递交了书面申请，请求学校继续与他们保持沟通、联系。这一现象也充分说明了《金桥家校联系册》效果的显著和执行的力度。利用孩子、家长对"分"的重视，我们对孩子的行为习惯也用"分"来进行量化考核。到期末总评时，孩子的语文、数学成绩再加上平时行为习惯的积分就是他的综合素质总分。

第四，利用《金桥家校联系册》能真正做到让孩子从小事做起，随时、随处、随机、随人、随事地对孩子进行良好行为习惯的训练，使孩子从小培养好的修养、素质，把素质教育工作落到了实处，建立起了学校、家庭、社会三结合的教育网络，通过《金桥家校联系册》这个平台，使家长真正掌握了简

第二篇　家长学校培训内容

单易学的"奖励式教育"科学育儿方法，为家庭、学校、社会落实好真正的素质教育作出了贡献。

# 心灵成长篇

成为父母以后,你可能已经学到了很多的方法,也能运用到教育孩子的实际当中去,你的孩子也许已经取得了很大的进步,这真是一件值得祝贺的事情。可是你有没有遇到这样的情况:为什么有些方法用在我孩子身上效果不是很明显呢?在教育孩子时,我也知道如何做,可是遇到实际问题时,常常不能控制自己的情绪,对孩子又发了脾气?

有一句话这样说:心对了,人就对了;人对了,世界就对了。在教育孩子的同时,我们也要让自己不断成长,身心全方位的成长。教育孩子先从教育自己开始,教育自己从改变自己开始,改变从"心"开始。

## 身教重于言教

听完王校长的讲座,我思绪万千。前些日子,我直念叨:怎么还不开家长会?今天终于盼到了,我听得很入神,谢谢王校长给了我们如此多的"财富"。

今天王校长讲的内容是关于"习惯"。首先,我本人就有

## 第二篇　家长学校培训内容

许多不良习惯。坦白地说，孩子的优点还是不少，不要因为自身习惯不好而影响了孩子。

我有两个孩子，我现在不上班，除了做饭、洗衣、辅导作业，我便没什么大事了。前些日子，楼上的邻居们玩麻将，三缺一时，总拉我上阵，一下子我学会了。玩了两次后，我感到很自责，对不起孩子们。早上，孩子们要早早吃饭，中午还要吃好，晚上我还得辅导他们作业。如果我玩过了头，影响了孩子们怎么办？于是，我咬紧牙关改掉了。我感到作为人，有时总要犯一些错误，但关键是看自己认识到后果没有，是悬崖勒马，还是越陷越深？孩子那么小，有些坏习惯，但他不知后果，身边应该时刻有面"镜子"照照他，这就需要有一位严格的妈妈。这位妈妈在孩子眼里必须是优秀的。

前些天，我看了《中国母亲》，我佩服那位妈妈，我要向她好好学习，她说："生子要养，养还得教，教比养更重要。"我被她的事迹深深感动着。

我作为妈妈，对孩子的态度应该是：①做孩子的知心朋友，让孩子有什么困难、心里话敢告诉我。②不做孩子的"警察"，对孩子多说肯定句，少说否定句。我看到有的妈妈，孩子一放学便说："不许看电视，不许玩，不许上街买吃的，不许……只许好好学习，认真写作业。"而效果适得其反。所以，他们对妈妈很有意见。我儿子下午放学，我说："孩子，上了一天课，累不累？"孩子说："学校那么快乐，不累，今天太高兴了……"我又问："作业多不多？"他说："不多，一点儿。"我说："你先出去玩一玩，或看一看动画片，调节一下脑子吧！"有时孩子也看电视，有时也出去玩，但我发现孩子经常主动关了电视去写作业，有时告诉我没有好看的电视，便关了电视怕浪费电。这个习惯我感到很好，我们相处得很和睦。

王校长，谢谢您！您辛苦了。您一个劲儿地给我们讲怎样教育孩子，我听了非常感动。我也有一个小小的计划，如果我儿子将来上了一所很普通的大学，我要让他写一本书《妈妈怎样教我做人》，希望他能教好下一代。我的许多办法是从王校长身上学来的，我每天在辛苦地付出，希望有一天孩子能发现我的辛苦，能用文字赞美我，我希望他知道感恩、回报……

家长：赵继梅

## 纠正孩子"写作业磨蹭"的高招
——听王校长讲课后的心得

我听王校长讲课已是第八次了，可谓忠实的家长学校学员。每次听讲后都有不同的收获，这次的最大成果是学会了纠正孩子写作业磨蹭的高招——限时收卷（期限效应）。

以往，孩子每天放学回家放下书包，先喝饮料，吃点心，然后才慢条斯理地做作业，且经常边写边玩。有时作业较多，过了八点半累了，字越写越潦草，数学差错也多了。我看了又气又急：气的是磨磨蹭蹭不抓紧时间，到时候作业做不完；急的是见他累了一天困得抬不起眼皮，怕影响身体，真是没招了。

今天，王校长给做作业磨蹭的孩子家长支了一招——限时收卷,我顿时茅塞顿开。令贵在行,行贵在速,回家立即实施。我把孩子叫到跟前,让他自己估计作业时间,并"约法三章":到时候完不成我就收作业,再写明原因告诉老师,让老师批评,扣分;按时或提前完成,剩下时间自主支配。孩子欣然同意,双方共同计时。经观察,孩子在写作业时很认真,没有玩耍动作,结果提前十分钟就做完了。于是,我让他去做自己喜欢做的事,他说一边看动画片一边画画,我们全家皆大欢喜。

王校长这一招真灵!

家长:吕毓蛟

### 加油吧!我们相信你!

豆豆,是我们班的一员,她刚转来时,就犯了好多错。她骗人,经常偷家里的钱,让家人和老师伤透了脑筋。特别是上次,她竟然骗我们说她过生日,请我们班上几个同学去她家庆祝生日,还要带礼物;并说她姑姑嫁给了一个老外,完了送我们一人一个芭比娃娃和魔杖。其中我们班有个叫毛毛的,她买了一个很贵重的礼物。到了豆豆生日那天,我们便在她家楼下等她,却不见她的踪影,原来那天根本不是她的生日。结果她妈妈没办法也不知道豆豆撒了这个谎,于是就请同学们吃了饭,她爸爸还亲自开车把同学们送回家。通过这件事,我原以为同学们都不会再去理她,老师也会讨厌她……可老师们都没有放弃,同学们也在帮助她。老师们一次又一次地占用了许多宝贵时间来和豆豆沟通,她爸爸带她去了好多所学校,但都说不要偷东西、说谎的孩子。她爸爸平静地告诉她并把她放在公安局门口说:"爸爸不想让你长大坐牢,你现在就进派出所吧,他们看你小,不会打你的,即使打,打得也不会疼。"豆豆哭喊着:"爸爸,我是你的女儿,你不能不要我呀!"爸爸被女儿的哭喊声感动了,他和妻子带着女儿请求同学和学校的原谅。

豆豆这些天变化真大!我想应该是她认识到了自己的错误,改变了自己。

假如豆豆在别的集体会怎样?假如同学们都指责她、嘲笑她,大家都对她失去信心,她又会怎样?如果是这样,她也会对自己失去信心,她会变得愈来愈自卑,不但不会改正错误,还会使错误加深。

我想:一个人犯了错误不可怕,可怕的是不改错。犯了错的人,需要别人的帮助,需要自己有信心去改正错误!

"人无完人,金无足赤。"这是一个人偶尔做错事的理由,却不是经常可以犯错的理由,我们每个人都不完美,但要尽量努力完美些。

豆豆,你已经认识到了错误,并把它改掉了,你真棒!你已经成了一个好学生了,要加油、加油、再加油!我们大家相信你!

太原市长风小学四年一班学生　张金玲

# 第二篇　家长学校培训内容

## 她懂得了为自己负责

校长、老师：

你们好！自从豆豆转到贵校以来，没有少给老师和学校添麻烦。她说谎、骗人、经常偷家里的钱，曾一度令家长和老师头痛。在无可奈何、准备孤注一掷的时候，是校长又给了豆豆一次机会，让她深深地受到了思想上的震撼，认识到自己以前的所作所为是与一个合格的小学生格格不入的，并从中吸取了教训，认真地改过。常言说"冰冻三尺，非一日之寒"。豆豆的毛病不是一天养成的，改正起来有难度，但这些日子以来，我们觉得她变了！她在有意识地约束自己，控制自己的行为。

她从以前爱撒谎，偷了东西被逮住还不承认，到现在主动承认错误，不再撒谎；从爱随手拿别人东西，到现在主动征求家长意见；从以前爱乱花钱，到现在知道买一些有用的东西；从对什么事情都满不在乎，到现在知道害羞……这一点一滴都在慢慢地起着变化，虽然有时还会耍耍小脾气、嘴馋，但我们已经感觉到了她在努力。在自制力方面，她还有所欠缺，还是控制不住自己，但我想她会慢慢改正的。

生活中，她还学着干一些自己力所能及的事情，比如洗袜子、洗碗、扫地、收拾家等等，也知道自己是个女孩子，爱干净了。是啊，终究还是一个孩子，路还很长，多给她一点时间，让同学们、老师、家长共同帮助她，我想，她会成为一个德才兼备的好孩子。

衷心地谢谢王校长！老师们！

家长：豆豆父亲

家长学校教程

## 欲正人，先正己

在教育孩子的过程中，我们会不断发现新情况，碰到新问题，有的问题我们自己想办法解决了，有的问题我们却一筹莫展。孩子上学后，我们有幸认识了王校长，这位热衷于教育事业的教育工作带头人，她不断给我们支招，使我们的许多问题迎刃而解，孩子在生活、学习等方面也都取得了长足的进步。在这里，我代表孩子的妈妈，谢谢学校、谢谢老师、谢谢王校长。

我的孩子从小就是一个问题特别多的孩子，不听话，爱犟嘴，和同学们玩不到一块儿；上课坐不住，写作业特磨蹭，有事总推卸责任，还有不讲卫生等许多坏习惯。我看在眼里，急在心里，想尽办法，可效果却不明显。

今天听了王校长的课，才发现像经常说落实不了的废话、爱唠叨、不能和孩子平等地交流等问题在我们家长身上都存在；而写作业慢、爱玩游戏等则都能和孩子对上号。

放学一回家，我就赶紧和孩子母亲进行交流，并按王校长的办法，规定孩子晚9:00以前必须完成作业，否则没收，不让他再继续写下去。如果孩子提前完成了作业，就给他自由支配的时间，以调动他的积极性。

晚上，我将孩子母亲平时做得不对的地方一一指出，并检点了自己平时对孩子教育不当的地方。今后，我们决心欲正人、先正己，时时、处处、事事给孩子带好头，按王校长的指点，尽力改正自己和孩子的缺点，把孩子培养成一个积极、乐观、合群的好孩子。

家长：鲍　×

## 争取做一个合格家长
### ——家长培训会后的一点儿感悟

如何教育孩子？这是摆在每个家长面前的一个严肃的课题。自古有"老子打儿，天经地义"，延续了几千年的打骂教育确实根深蒂固。今天，我听了王校长教育孩子的"十大原则""五个要素"，很受启迪。进入现代社会，打骂教育越来越显示出它的弊端，简单粗暴其实是家长教育无方、无能的表现，它只能增加孩子的逆反心理。只有真诚地对待孩子，以诚信取得孩子的配合，同孩子多沟通，多交流思想、感情，尊重孩子的意见和主张，当好孩子的参谋和朋友，因势利导，激发和鼓励孩子确立自信心，树立积极乐观的心态和明确的目标并付诸实际行动，从而不断求知、创新、发现，这是新时期每个家长必须树立的新理念。作为家长，我们会不断地去尝试摸索，力争尽快地以能够适应自己孩子的切实可行的教育方式，培养他们健康成长。

家长：刘××

# 第三篇

# 学生培训内容

第二篇

マイ氏宗教哲学

## 校长的话

老子曰:"处无为之事,行不言之教。"

孔子曰:"其身正,不令而行;其身不正,虽令不从。"

用法国启蒙思想家卢梭的话说:最好的教育就是无所作为的教育。

孩子看不到教育的发生,却实实在在地影响着他们的心灵,帮助他们发挥了潜能,这才是天底下最好的教育。

最好的教育一定是"润物细无声"的,因为"任何一种教育现象,孩子在其中越少感觉到教育者的意图,他的教育效果越大"。(苏霍姆林斯基)

所以做父母要少一点说教、惩罚和利诱,多通过榜样的示范、关系的构建和环境的营造去潜移默化地影响和熏陶孩子,让孩子看不到教育的发生,却真实地影响了他的心灵。

## 第一阶段 培养学生清洁、整齐的卫生习惯

**自觉自理作业:**

要让自己的衣服、身体、饮食、学习环境和住所保持干净。

**家长反馈内容：**

1. 做事有条理。把第二天用的东西提前准备好，不丢三落四；收拾自己的书桌。

2. 主动洗手、洗脸、洗脚，清理个人卫生。

3. 主动写作业，不用父母督促。

4. 听闹钟自己起床；自己的事自己做，不用父母操心；听父母的话，不去网吧。

## 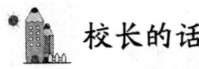 校长的话

家长碰到孩子的每点进步都应多加赞赏,学会赏识他们,做到先表扬后批评、多表扬少批评。切忌以自家孩子的不足比别人家孩子的优势,打击孩子的积极性。家长的正面语言要多于负面语言,多说肯定句,少说否定句。

家长要明白:0~6岁的孩子听父母的话,6~12岁的孩子听老师的话,老师的话就是"圣旨"。让我们抓紧这段时期,拿上"皇帝"的尚方宝剑,当好孩子的"领导",有民主又有家规、有奖又有惩,指引孩子走上正确的道路。

我们为人父、为人母、为人师,唯独和孩子不像亲密的朋友。各位家长,让我们收敛起"警察"般的面孔,和可爱的孩子们一起笑对生活,健康成长吧!

一种好习惯不是短时期就能形成的,从知到行需要一个漫长、巩固和转化的过程。希望家长对这一阶段的要求让孩子努力做到做好,行为不规范并不能自觉坚持的孩子,家长要及时向老师反馈信息,相互协作,配合教育。

## 第二阶段  培养学生勤奋好学的学习习惯

**自觉自理作业:**
我要做好自己该做的事,不依赖别人,养成爱劳动的好习惯。

**家庭作业：**

回家先写作业后玩，主动学习，不让父母操心！

**家长反馈内容：**

1. 每天让父母听写5分钟生字（两课生字），要持之以恒，坚持到六年级。

2. 每天主动念15分钟课外小故事（不会的字问父母），主动听15分钟英语，并养成好习惯。

3. 主动帮父母拿碗筷，自己听闹钟起床，不用父母督促操心。

4. 每天坚持练10道口算题（家长帮助孩子出题）。

5. 听父母的话，不去网吧。

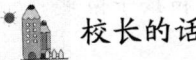 **校长的话**

以下几点请家长引起注意,并认真思考。

**家长要注意:**

请从小注意孩子的想法(思想),

因为它会影响孩子的行为;

请从小注意孩子的行为,

因为它会影响孩子的习惯;

请从小注意孩子的习惯,

因为它会影响孩子的性格;

请从小注意孩子的性格,

因为它会影响孩子的命运。

**家长要注意:**

要让孩子从小学会做人与做事,做事要尽量做到让人喜欢。因为品德不好没有人敢用,本领不好没人愿用。所以,要从"实"上下工夫,认真反馈孩子的想法、行为、自理等作业。

**家长要注意:**

每个家长要清楚,应该帮助老师管理并约束孩子在家的行为。家长更应该明白,老师必须加班批阅育人作业,才能使这项工作切实地开展,这给我们的老师增加了许多额外负担;我们家长也要理解,认真负责如实签阅孩子的行为作业情况,让我们共同对孩子进行随时、随地、随事、随机地教育,使孩子的素质、修养真正得到提高。我们不要忙着找理由,忙着指责、埋怨,应该负起责任,帮助老师和孩子做些事。

让我们从拥有一个好的想法开始,引导孩子走向快乐成功之路!使孩子身体健康、道德健康、心理健康!

## 第三阶段　培养学生团结友爱的优秀品质

**团结合作作业:**

我要和同学搞好团结,不打人、不骂人。

1. 我要结交几个知心朋友。

2. 我要主动帮助别人做一些力所能及的事。

**自觉自理作业:**

我不用别人催促,自己的事情自己做,并且用心主动去做,一定要做好!

1. 每天主动听写一课生字、词;主动听半小时英语;主动看有意义的课外读物。

2. 自己清理个人卫生,把手、脸洗干净,穿干净衣服上学。

3. 每天放学先写作业,早晨自己起床,晚上提前准备第二天的学习用品,不丢三落四。

4. 听父母的话,不去网吧。

**家长反馈内容:**

孩子结交了几个朋友以及与朋友相处的情况。

# 第三篇　学生培训内容

△多项问卷调查之一

小朋友怎样做才能使同学喜欢跟你玩?

A. 乐于助人、尊老爱幼;

B. 认真学习、专心听讲，高效率完成作业;

C. 遵守校规校纪，爱劳动、爱同学、爱集体。

## 校长的话

老师每天像朋友一样和家长进行着沟通。虽然麻烦，但也可以说是幸运，因为他们拥有那么多的家长朋友，而我只有每个阶段和大家进行一次书面交流，我很珍惜。所以，我每次写"校长的话"都要思考很久，有哪些育子感想告诉大家，有哪些地方要提醒家长，怎样去和孩子相处，怎样去和家长沟通。

在工作和学习生活中，我们不能只是看到现象说现象，应立刻摸索着去做，努力地去改变，完成教书、育人两大任务，做真正的人类灵魂的工程师。我们的学校教育要成长、要改变、要突破、要创新。成长就是做以前不会做的事；改变就是做以前不愿做的事；突破就是做以前不敢做的事；创新就是做以前没有做过的事。

我们将努力前行，希望家长配合！

把孩子的成长"三健"作为追求的目标：身体健康，道德健康，心理健康。

## 老师的话

一种好习惯不是短时期就能形成的，从知到行需要一个漫长、巩固和转化的过程。希望家长对前阶段的要求让孩子继续努力做到做好，并及时反馈信息，相互协作，配合教育。

本阶段家长反馈内容：

将孩子诚实或撒谎的具体事例如实反馈给老师，以便及时教育改正。

## 第四阶段　培养学生诚实守信的行为习惯

**诚实作业：**

我对人不说谎话，不欺骗别人，有了缺点、错误及时改正。

**劳动孝心作业：**

二年级学生应把自己的袜子、小件内衣洗干净，日常生活中保持勤剪指甲、勤洗手、勤换衣服的好习惯；听父母的话，不去网吧。

**复习作业：**

1. 每天继续听写生字，听英语，阅读半小时课外书。

2. 巩固第一、二、三阶段的行为习惯。

3. 把自己的床铺、书本、写字台整理干净，做事有条理。

△多项问卷调查之二

1. 什么样的小朋友受大家欢迎？

A．多帮助别人做好事；

B．学习要好；

C．不说脏话，不打架，懂礼貌。

2. 什么样的小朋友不受人欢迎？

A．不讲卫生，不懂礼貌，说脏话，撒谎；

B．经常欺负同学，搞恶作剧；

C．不好好学习，不爱劳动，不完成作业，不遵守纪律，不尊老爱幼。

# 家长学校教程

 **校长的话**

我还是给大家讲两个小故事吧,大家一定都知道狼孩和"野人"的故事。印度狼孩卡玛拉(女)1920年被人从狼窝中发现时8岁,由于多年和狼生活在一起,无论脾气秉性,还是生活习惯,都和狼一样。她不会行走,只会爬;白天潜伏,夜间活动;每到午夜号叫,完全不会发人声;只吃生肉,而且不会用手去拿,必须扔在地上用嘴叼起来吃。人们努力通过教育和训练想使她恢复"人性",但收效甚微。她两年多学会站立,六年多学会走几步路,四年内才学会讲6个单词。直到1929年临死时(17岁),她的智力、能力才够两三岁孩子的水平。人们虽然对她实施了良好的教育,但人应该具备的习惯却始终没能很好养成。

1972年,人们在东南亚大森林中找到第二次世界大战时迷失的日本士兵横井庄一。他远离人类,像野人一样生活了28年,人的一切习惯甚至包括日本话都忘了。可是,当他获救后,人们只用了82天时间的训练,就使他完全恢复了人的习惯,适应了人类的生活,一年后还结了婚。虽然他过野人生活比狼孩卡玛拉多20年,但对他的教育和训练却比狼孩容易多了。

从这两个小故事不难看出:幼儿期和儿童期是养成各种良好习惯的关键期。孩子年龄小的时候,就像一包熔化了的铁水,可以浇铸成各式各样的形状。但等孩子长大了,就像冷却了的铁水变成了一块铁砣子，再改变可就困难了。所以希望家长把握好这一时期。

## 第五阶段　培养学生的表现能力、语言能力、交往能力

**表现能力作业：**

1. 在客人或者大家面前敢用语言、动作、绘画、唱歌等形式表达自己的感受。

2. 能主动和客人打招呼，并使用礼貌用语；能向客人大胆而又较为准确地询问并回答问题，表达自己的思想。

3. 训练孩子说的能力。训练他的勇气，敢在多人面前或大人、客人面前大声、流利地说话，训练孩子的自信心和胆量。

4. 听父母的话，不去网吧。

**复习巩固作业：**

复习巩固前四个阶段的内容。孩子有些习惯已基本形成，但需要反复去做。希望家长让孩子逐步做到习惯成自然，家长要重视起来，耐心、"狠心"地继续要求孩子努力去做。如果习惯养成了，孩子会终身受益。

### 校长的话

现在我教家长几招与孩子沟通的技巧,大家试试看。

1. 创造"听的气氛";
2. 学会"平行交谈";
3. 充当"顾问角色";
4. 给予孩子"个人空间";
5. 与孩子一道"分享";
6. 要有"统一战线";
7. 不便说就"写下来",利用好《金桥家校联系册》去暗示孩子。

## 第六阶段　培养学生的阳光心态、阳光性格

**沟通作业:**

1. 每天至少和父母谈话15分钟,把学校发生的事情,高兴或不高兴的事都告诉父母。

2. 养成和父母沟通的习惯,及时消除心结,每天保持愉快的心情。

3. 听父母的话,不去网吧。

**家长反馈内容:**

1. 书面反馈孩子是否每天主动和您沟通,要从小让孩子养成沟通的习惯,不要封闭心理,否则压抑自己的情绪。比如,胆小遇事不敢说,不求助父母,孩子容易形成抑郁型性格。孩子是否把学校高兴的事和不愉快的事告诉父母。父母要学会倾

听。

2. 复习巩固前几个阶段的内容。孩子有些习惯已基本形成，但需要反复去做。希望家长让孩子逐步做到习惯成自然，家长要重视起来，耐心、"狠心"地要求孩子努力去做。如果习惯养成了，孩子会终身受益。

**校长的话**

　　我们不能按以前的标准，按我们所处的时代的标准去培养孩子，他们要适应未来的挑战，必须具备几方面的综合素质。首先要具备基本的智力。智力也就是我们所说的聪明程度，它包括：记忆能力、观察能力、想象能力、语言能力、操作能力、思维能力，其中思维能力是核心。要训练孩子怎么去思、怎么去想，因为思想指导着他的行为。从智力的方面来看，我觉得综合能力是核心，所以，我们一定要训练孩子敢说、敢表达的能力。就现阶段，对孩子而言，培养他们的创新能力、实践能力尤为重要。

　　另外，我想强调，一个孩子智力的高低，不能只看智商有多高，他们是否善于运用自己的智力和各种资源解决遇到的问题才是最重要的。即我们应该培养一个智力高而且有"智慧"的孩子，而不是智商很高的"书呆子"，希望我们的想法一致。

## 第七阶段　培养学生遵守校纪校规

**劳动孝心作业：**

1. 每日保证和父母交流15分钟，和父母沟通时，做到不顶嘴；听父母的话，不去网吧。

2. 学会帮父母做米饭；学会用洗衣机洗自己的衣服。

**守纪作业：**

不随意在墙壁上乱涂、乱画，遵守学校的规则。

**阅读作业：**

坚持每天阅读半小时自己喜欢的书。

**智力作业：**

复习巩固前几个阶段的内容。孩子有些习惯已基本形成，但需要反复去做。希望家长让孩子逐步做到习惯成自然，家长要重视起来，耐心、"狠心"地要求孩子努力去做。如果习惯养成了，孩子会终身受益。

**校长的话**

作为家长,一定要当好孩子的"领导",您帮助孩子高质量地度过每一天,就可以确保他顺利地完成学业。培养孩子踏踏实实走好每一步,让孩子将来凭自己的本事把工作做好,没有比这更重要、更有意义的事了。让孩子将来成为一位平凡而伟大的敬业者,我觉得这就是人生。

常听家长讲:"现在的孩子真难管!"那孩子该怎么管理呢?怎样才能形成一种自觉自愿的习惯呢?就我多年的教育、教学经验,我觉得有如下几种方法:①反复训练的办法。习惯是一种条件反射、长期积累和强化的结果,因此,家长必须经过长期反复的训练才能帮助孩子形成。严格要求、反复训练是形成良好习惯最主要的办法。进行训练时,要强调"反复"二字。老师、家长千万不要嫌麻烦,否则形不成习惯。②讲道理的办法。通过摆事实、讲道理提高孩子的认识能力,从而使孩子更自觉地去养成好的行为习惯。在这里,我要反对的是单纯的说教,只说不练,只喊重要不谈办法,没有果敢的行动。知理而不行,说明我们管理不到位,执行力度不够,所以说服教育必须与严格训练相结合,这样才能形成良好的行为习惯。

进行训练要强调"严格"二字,这两种办法我们要强调、引导家长,按作业去执行,希望家长采取果敢、严格的行动。

## 第八阶段　培养学生懂得自尊，具有规则意识

**劳动孝心作业：**

1. 每天帮父母洗碗。

2. 每天帮父母把垃圾袋提到垃圾站。

3. 听父母的话，不去网吧。

**情感作业：**

1. 有了好吃的，要先让父母。

2. 吃饭时，父母没有动筷子，不要先抢着吃。如有特殊情况，要先征得父母的同意再吃。

3. 不许撒野、耍横、任性，强迫父母答应自己的无理要求。

**规则作业：**

上、下楼梯必须靠右行；这是规则，必须遵守。

**智力作业：**

复习巩固前几个阶段的内容。孩子有些习惯已基本形成，但需要反复去做。希望家长让孩子逐步做到习惯成自然，家长要重视起来，耐心、"狠心"地要求孩子努力去做。如果习惯养成了，孩子会终身受益。

 校长的话

  家长是孩子的第一任老师,孩子出现了问题,根源往往是在家长身上。在培养孩子健全人格方面,身为家长,首先要对孩子进行爱的教育。让孩子爱亲人、爱朋友、爱老师,最后上升到爱社会、爱生活。唯有对社会充满希望和信心的人才会对生活充满热情,从而具有积极向上、乐观自信的生活态度。当家长的,不要再以考试论成败,这样孩子的压力自然就不会那么大,就不会出现那么多心理有问题的孩子。

  我很想提醒家长:要帮助孩子广交朋友,学会体谅和助人。这样的孩子不会走进以自我为中心的狭隘境界;遇事有朋友交流、有朋友发泄,心理的承受能力就会加强。

## 第九阶段　培养学生有情有义、懂得感恩

**劳动孝心作业:**
坚持每天帮父母拖地;听父母的话,不去网吧。
**情感作业:**
1. 每天定时和父母、小朋友沟通交流;比比看,谁的朋友多。
2. 朋友帮助你时要懂得感谢,并回报于同样的热情帮助。
**阅读作业:**
坚持每天阅读半小时自己喜欢的书。

第三篇　学生培训内容

**智力作业：**

复习巩固前几个阶段的内容。孩子有些习惯已基本形成，但需要反复去做。希望家长让孩子逐步做到习惯成自然，家长要重视起来，耐心、"狠心"地要求孩子努力去做。如果习惯养成了，孩子会终身受益。

**校长的话**

要与孩子达到心与心的沟通,不能停留在表面,必须做到以下几点:①要把孩子看成是有人格的人。②要理解和了解孩子,必须掌握孩子的心理和年龄特点。③不能感情用事,高兴的时候就和孩子泡在一起,工作忙了就长时间不理孩子,这种"冷热病"最不利于与孩子建立巩固的关系。④必须保证必要的感情和时间的投入。沟通时间可以少,但要保证质量,不要敷衍孩子,否则他就会对你敬而远之。

实践证明,只有尊重孩子,孩子才有自尊心,而唯独有自尊心才是孩子自我发展的强大动力。

## 第十阶段 培养学生懂得节约、知书达理

**劳动作业:**

1. 每天主动浇花;
2. 每天坚持洗碗、拖地、洗袜子等,自己的事情自己做;
3. 听父母的话,不去网吧。

**孝心明理作业:**

1. 父母累了,要照顾;父母生病时,要主动端水、送药;
2. 父母心情不愉快时,要主动安慰;自己主动写作业、起床,不让父母操心;
3. 不和别人攀比吃穿,节约每一分钱、每一滴水、每一度电。

**规则作业：**

上、下楼梯必须靠右行，这是规则，必须遵守。

**智力作业：**

复习巩固前几个阶段的内容。孩子有些习惯已基本形成，但需要反复去做。希望家长让孩子逐步做到习惯成自然，家长要重视起来，耐心、"狠心"地要求孩子努力去做。如果习惯养成了，孩子会终身受益。

## 校长的话

人们常说:"父母是孩子的第一任启蒙老师。"真、善、美,假、恶、丑的概念,都是由父母的言行传达给孩子的。作为父母,应该以孩子的眼光看待问题,不要独断专行,应该成为孩子畅所欲言、善解人意的知音。孩子上了学,尤其是孩子有了自主意识后,对于自己原来没有接触或是不理解的东西,都想找人倾诉,讨论一下。这时候,父母便是孩子想倾诉的对象。如果父母不注意自己的言行,不考虑孩子的想法,仍然是我行我素,以"家长"的身份来命令孩子,极易使孩子产生抵触情绪,久而久之,孩子就会对你敬而远之。孩子的想法刚刚处于萌芽就被抑制了,最重要也是最可怕的是他们不再试图向家长倾诉自己心里的秘密,形成抑郁、孤僻、自闭心理,自己盲目地处理一些问题,不能和父母产生共鸣。

如果我们能做孩子的朋友,沉下心来和他们一起谈心,尊重他们的人格,听他们倾诉,并且在适当的时候,以商量的口气给孩子提出一些建议和意见,那么,孩子就会把你当成好朋友来看待,在处理问题的时候,他也会顺理成章地考虑家长这位大朋友的意见,孩子会渐渐觉得爸爸、妈妈真够意思,他就愿意敞开心扉地和你畅所欲言了。这样孩子在对待问题上既不会过分依赖别人,也不会一意孤行。在今后的人生中,他们会走出一条属于自己的道路,为自己的一生奠定基础。

## 第十一阶段　培养学生良好的心理素质和道德素质

**劳动孝心作业：**

1. 每天洗自己的袜子；

2. 每星期必须刷洗自己的鞋；

3. 听父母的话，不去网吧。

**心理作业：**

每天利用半小时把自己的喜、怒、哀、乐倾诉给自己的知心朋友。

**阅读作业：**

坚持每天阅读半小时自己喜欢的书。

**智力作业：**

复习巩固前几个阶段的内容。孩子有些习惯已基本形成，但需要反复去做。希望家长让孩子逐步做到习惯成自然，家长要重视起来，耐心、"狠心"地要求孩子努力去做。如果习惯养成了，孩子会终身受益。

## 校长的话

教育专家早就指出，家长在重视子女智力发展的同时，更应该关注孩子心理性格的成长。也就是我常强调的：孩子要先成人，后成才！只有心理健康的人，才会健康成长；心理有缺陷的人，绝称不上心理健康。我认为新世纪的父母，不应该只是考虑分数有多高，孩子怎样才能考上大学，应该考虑的是孩子将来在社会上怎样生存下去！我们不难发现，智力条件在同一起跑线上的孩子，有的成功了，有的失败了，为什么会出现这样的差异呢？关键是要看他们对社会的适应能力。未来需要的不是"一字形"的人才，他只是博而薄；也不是"1字形"的人才，知识深而窄；未来需要的是"十字形"人才，就是既有知识又有专业，而且在焦点上又能创新的人才。有了孩子的父母，并不等于就可以天经地义地当家长。21世纪的爸爸妈妈将会面临种种挑战，孩子难以教养，家长又缺乏相当的家庭教育知识与能力。我很想说一句话：我们每位父母都应该沉下心来，自问自省，我们是不是有资格作家长，能不能承担起家庭教育的重担？

然而，不论怎么讲，我们能做的仅仅是给家长提供建议，究竟怎么做，才能针对具体的每个孩子因材施教，还需要靠我们父母在家庭教育上下大工夫，应该从平时的点点滴滴做起，不能只是帮孩子纠正错题，而应该及时纠正孩子的错误行为，也就是要随时、随处、随机、随事、随人地对孩子及时地肯定（表扬）和纠正（批评），我们的《金桥家校联系册》就能起到这个作用，希望家长配合。

## 第十二阶段　培养学生坚强、积极进取的意识

**劳动作业：**

1. 学会正确使用煤气；
2. 持之以恒，巩固以前的劳动作业，坚持做下去；
3. 帮父母清洁马桶。

**孝心明理作业：**

1. 接受父母批评时不顶撞，态度要谦虚。即使父母批评错了，也要耐心解释。
2. 不许撒野、耍横、任性；听家长的话，不去网吧。

**规则作业：**

上、下楼梯必须靠右行，这是规则，必须遵守。

**智力作业：**

复习巩固前几个阶段的内容。孩子有些习惯已基本形成，但需要反复去做。希望家长让孩子逐步做到习惯成自然，家长要重视起来，耐心、"狠心"地要求孩子努力去做。如果习惯养成了，孩子会终身受益。

图书在版编目（CIP）数据

家长学校教程 / 王金华编著 .—太原：山西人民出版社，2016.9
ISBN 978-7-203-09724-2

Ⅰ.①家… Ⅱ.①王… Ⅲ.①家长学校—教材 Ⅳ.① G459

中国版本图书馆 CIP 数据核字（2016）第 214847 号

## 家长学校教程

| | |
|---|---|
| 编　　著： | 王金华 |
| 责任编辑： | 傅晓红 |
| 出 版 者： | 山西出版传媒集团·山西人民出版社 |
| 地　　址： | 太原市建设南路 21 号 |
| 邮　　编： | 030012 |
| 发行营销： | 0351-4922220　4955996　4956039　4922127（传真） |
| 天猫官网： | http://sxrmcbs.tmall.com　电话：0351-4922159 |
| E—mail： | sxskcb@163.com 发行部 |
| | sxskcb@126.com 总编室 |
| 网　　址： | www.sxskcb.com |
| 经 销 者： | 山西出版传媒集团·山西人民出版社 |
| 承 印 者： | 山西出版传媒集团·山西新华印业有限公司 |
| 开　　本： | 890mm×1240mm　1/32 |
| 印　　张： | 5.125 |
| 字　　数： | 108 千字 |
| 印　　数： | 1—1 000 册 |
| 版　　次： | 2016 年 9 月　第 1 版 |
| 印　　次： | 2016 年 9 月　第 1 次印刷 |
| 书　　号： | ISBN 978-7-203-09724-2 |
| 定　　价： | 20.00 元 |

如有印装质量问题请与本社联系调换